TUS PECHOS MOLAN

· aprende a quererlos ·

ALBA PADRÓ · CRISTINA TORRÓN

MENSTRUITA

montena

Papel certificado por el Forest Stewardship Council®

MIXTO
Papel | Apoyando la silvicultura responsable
FSC® C117695

Penguin Random House Grupo Editorial

Primera edición: septiembre de 2025

Printed in Spain – Impreso en España

ISBN: 978-84-19975-96-6
Depósito legal: B-12.111-2025

Compuesto en Grafime, S. L.
Impreso en Gómez Aparicio, S. L.
Casarrubuelos (Madrid)

GT 7 5 9 6 6

Para mis hijas, para todas las niñas y para la niña que fui.

Alba

Para todas las que hemos necesitado sentir que no estamos solas ni somos insuficientes.

Cris

¡HOLA, SOY TU PECHO!

En este libro te voy a compartir mucha información interesante sobre mí que seguro que no sabes o quizá tengas curiosidad por conocer. ¿Alguna vez te has preguntado para qué sirven los pechos? ¿O cómo debes cuidarlos?

Te voy a explicar todo lo que necesitas saber para vivir el desarrollo de los pechos en la adolescencia con

conocimiento, bienestar, seguridad, placer y poder.

VAS A APRENDER TODO ESTO

¿Qué son los pechos?

¿Cómo son los pechos?

Los pechos a lo largo de la vida

El pecho en la adolescencia

Todas somos únicas

Los pechos y la sexualidad

El pecho durante la lactancia

Cuidar tus pechos es cuidarte a ti

¿QUÉ SON LOS PECHOS?

Si tienes este libro en las manos, es probable que sientas curiosidad por saber más sobre tus pechos. A las chicas se les empiezan a desarrollar los pechos durante la adolescencia. Esto puede significar mucho más que un simple cambio físico: el comienzo de una nueva etapa en la vida, la afirmación de que estás creciendo... Incluso puede generar muchas emociones.

A medida que creces, es normal que te hagas preguntas y tengas dudas sobre estos cambios. Puede que te sientas emocionada, nerviosa o incluso un poco confundida. ¡No estás sola en esto! Todas las chicas pasan por este proceso, aunque cada una a su ritmo y a su propia manera.

Lo más importante es recordar que tu cuerpo es único y que el desarrollo del pecho es solo una parte de lo que te hace ser tú. Mientras recorres este camino, hay muchas personas a tu alrededor para apoyarte y ayudarte a entender esta nueva etapa.

¿Empezamos?

TODOS TENEMOS PECHO

Todos los seres humanos tenemos pecho: chicas, chicos, bebés y adultos. Y todos son diferentes.

No hay dos pechos iguales, y esto es importante que lo sepas. De la misma manera que todos tenemos una nariz y unos ojos de diferente forma y color, los pechos también varían. Incluso pueden ser desiguales entre ellos.

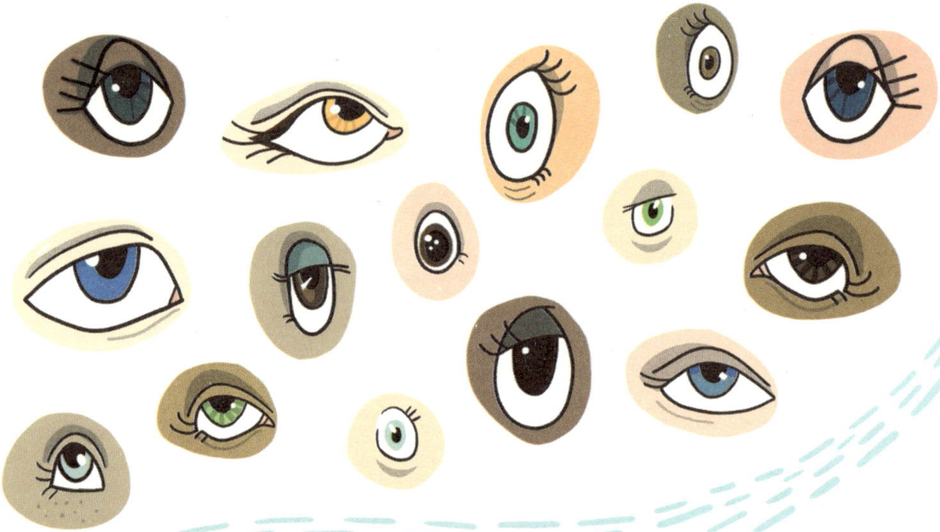

La variedad es increíble y sorprendente.

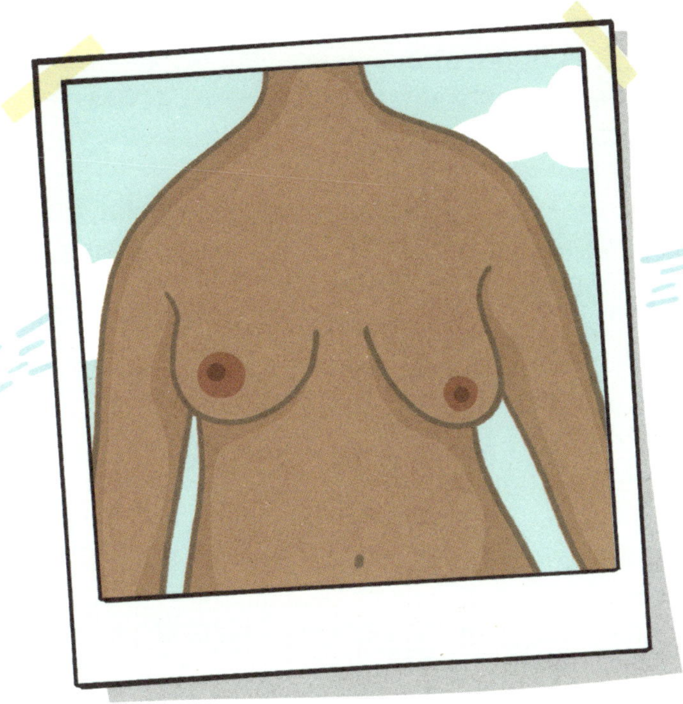

¡LAS TETAS SON HERMANAS, PERO NO GEMELAS!

Existen un sinfín de pechos distintos con tamaños y formas diferentes. Hay pechos con estrías, con pelos, con los pezones o las areolas más grandes o más pequeñas, con cicatrices o venosos...

Además, los pechos cambian con la edad, con la regla, cuando engordamos o adelgazamos. Nuestro pecho cambia durante toda la vida. Es más que probable que el pecho que tienes ahora no sea el mismo que vas a tener en unos años.

Pero, sin ninguna duda, ahora te encuentras en una de esas etapas de cambio, y esto despierta muchas dudas, preguntas o quizá incomodidad.

A veces pensamos que solo hay un tipo de pecho, que es lo que nos enseñan en los anuncios, las modelos o incluso en el porno, pero no es así. A lo largo de tu adolescencia y vida como adulta, cambiará lo que sabes sobre tu cuerpo y cómo te sientes respecto a él. Es un proceso que puede llevar tiempo, y está bien no tener todas las respuestas de inmediato. Lo más importante es que te cuides, que te respetes a ti misma y que te rodees de personas que hagan lo mismo.

Tus pechos son una parte más de lo que te hace ser tú:

LO QUE REALMENTE IMPORTA ES QUE TE ACEPTES TAL COMO ERES.

Y tú, ¿cómo te sientes?
¿Qué piensas de tener pecho?
¿Tienes ganas de que te crezca?

Cada cuerpo es único.

No hay un «tamaño perfecto» ni una «forma ideal».

¡Quiero saber más!

¿Es normal que no me sienta bien con mi pecho?

Ya hemos visto que somos muy exigentes con nuestro cuerpo, y que la sociedad tampoco ayuda. A veces, no es fácil aceptarse y querer a nuestro pecho tal como es. No podemos decir que sea «normal» que no te sientas bien con tu pecho. Si no te sientes bien con él o con otra parte de tu cuerpo, es clave que lo puedas hablar. Si ves que con tus progenitores no vas a poder o te da vergüenza, puedes pedir ayuda a una psicóloga.

Últimamente me duele el pecho y creo que me está creciendo... ¿Tengo que ir al médico?

El dolor en el pecho es algo que podrás notar durante tu crecimiento. Habrá temporadas en las que te molestará de manera aleatoria. Incluso te puede molestar más un pecho que el otro, y de la misma manera podrás ver que uno crece algo más que el otro. Siempre que tengas dudas acerca de estos temas es importante que sepas que puedes buscar una comadrona que lo revise. Las comadronas son, aparte de las encargadas de acompañar a las mujeres en el parto, las responsables de la salud sexual y reproductiva de las mujeres.

Si no se me desarrolla el pecho igual que a mis amigas, ¿hay algo que va mal?

Hemos visto que el desarrollo del pecho es algo que en cada persona se producirá a diferente ritmo, y es importante que intentes no compararte con nadie. De todas maneras, al ser un tema que preocupa, como en la pregunta anterior, te recomendamos que hables con tu comadrona. Existen situaciones hormonales que pueden causar que el desarrollo del pecho no sea el esperable y, por tanto, siempre es bueno consultar, y ya no solo por el pecho, también para tu salud presente y futura.

¿CÓMO SON LOS PECHOS?

Seguro que has estudiado otros órganos de tu cuerpo y ya sabes cómo funcionan el corazón o los riñones. Sin embargo, quizá nadie te ha explicado cómo es tu pecho por fuera y por dentro, ni tampoco sabes todas las cosas alucinantes que es capaz de hacer esta parte de tu cuerpo. Tus pechos son estructuras increíbles que pueden llevar a cabo funciones vitales, y debes conocer sus partes y su funcionamiento.

Así que...
¡vamos a ver cómo son!

LA ANATOMÍA DE LOS PECHOS

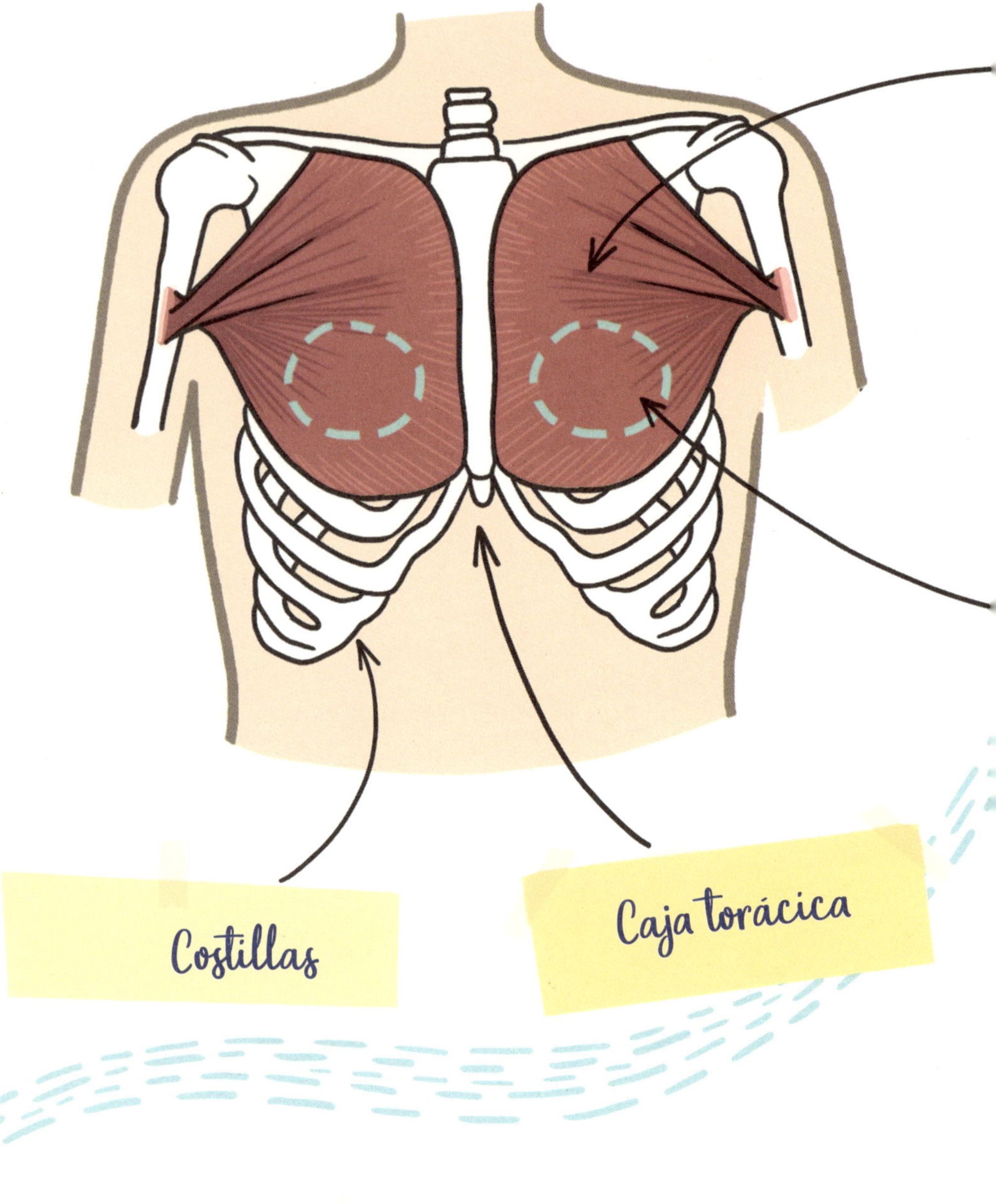

Músculo pectoral mayor

AQUÍ SE ENCUENTRA EL PECHO

El pecho se sitúa encima del músculo pectoral mayor, que a su vez está sobre la caja torácica, o sea, casi sobre las costillas.

Cuando observamos el pecho con detalle vemos tres estructuras que llaman la atención. Seguro que ya conoces alguna de ellas:

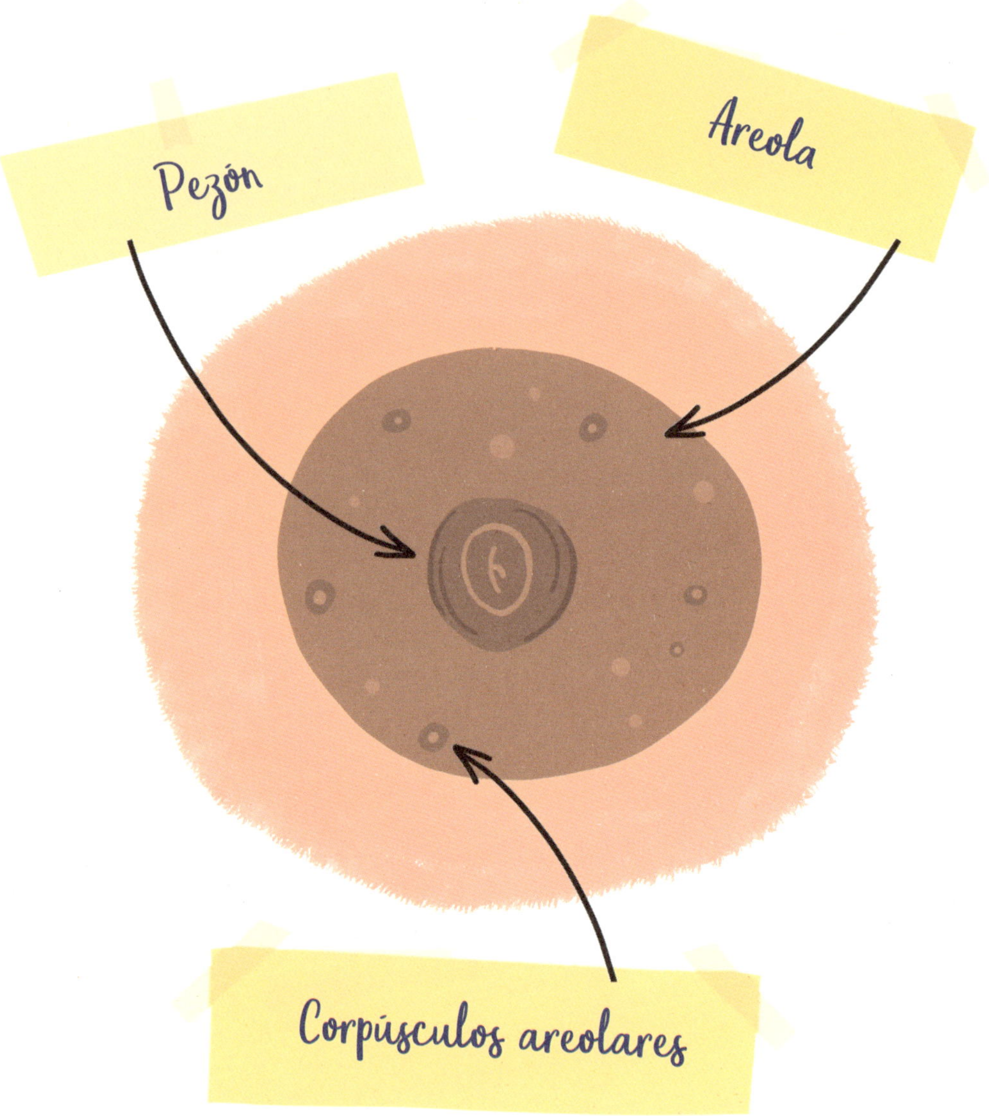

Pezón

El pezón es la parte más conocida. Se encuentra en la zona central de la areola y está compuesto por fibras musculares. Estas le permiten, ante ciertos estímulos, endurecerse y replegarse. Por eso tus pezones cambian cuando sientes frío, miedo o placer.

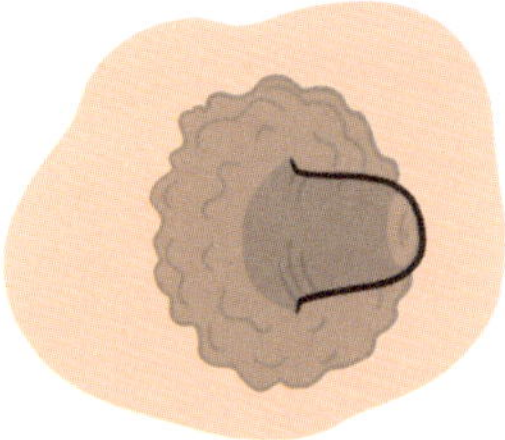

Pezón en erección

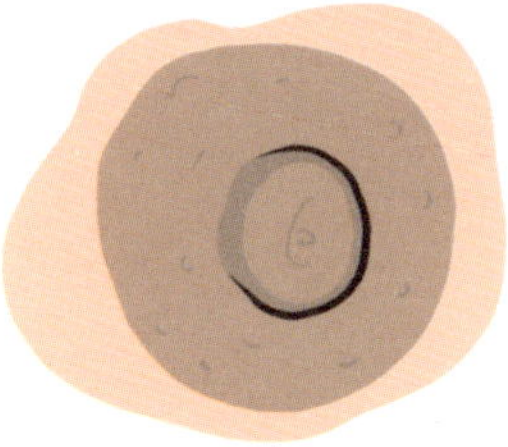

Pezón relajado

Los pezones pueden tener diferentes diámetros y ser más o menos largos. Hay pezones que son planos, otros umbilicados o invertidos (se meten hacia dentro), y otros sobresalientes. Pero todos son normales.

Areola

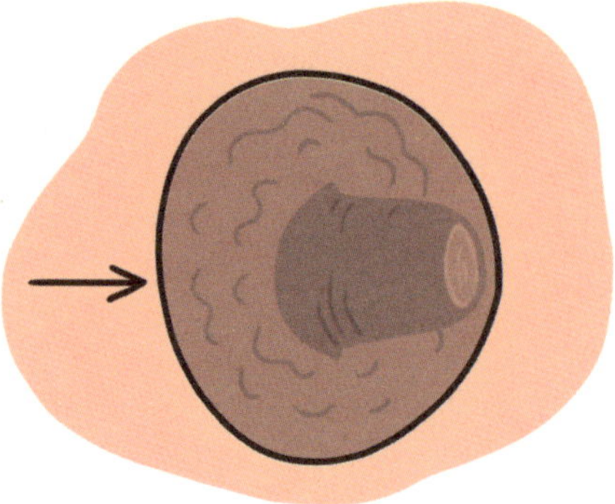

La areola es la parte redonda más oscura en tu pecho, y en el centro se sitúa el pezón. Las areolas, igual que los pezones, son diferentes en cada mujer. Hay areolas grandes y otras pequeñas. Algunas son como galletas saladas y otras como *cookies* de chocolate.

La areola está conformada por las mismas fibras que el pezón, es muy sensible y también tiene la capacidad de replegarse y endurecerse.

Corpúsculos areolares

Los corpúsculos son como pequeños granitos. A veces tienen un punto blanco en el centro, que parece pus.

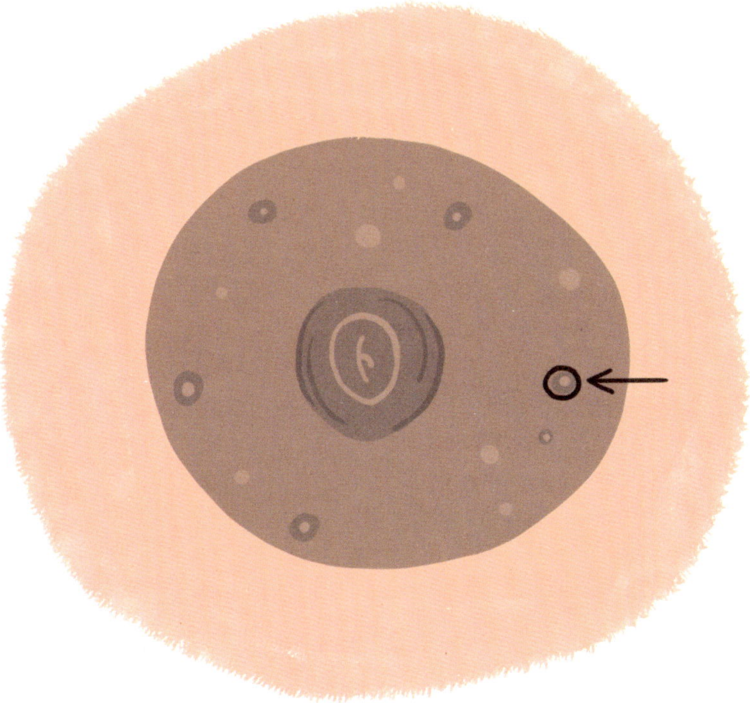

Es posible que si te miras el pecho no veas ninguno, o solo uno o pocos más. Es natural, ya tendrás más cuando crezcas y muchos más si de mayor te quedas embarazada.

¿Y para qué sirven?, te preguntarás. Cuando el bebé nace tiene muy buen olfato, y el olor que desprenden los corpúsculos de la areola le permite encontrar el pecho, ya que huelen igual que el líquido amniótico e indican al bebé dónde está la comida.

PERO ¿QUÉ HAY POR DENTRO?

Dentro del pecho encontramos dos tipos de tejido: el funcional y el conectivo.

Tejido funcional

El tejido funcional tiene la capacidad de fabricar leche y llevarla hacia el pezón para que salga afuera. Está formado por los acinos, que son los responsables de producir leche y están organizados en pequeñas unidades llamadas lobulillos, que a su vez están conectados a los conductos lactíferos, los encargados de transportar la leche al exterior.

En el pecho adolescente, ciertos tejidos funcionales son pequeños, casi inexistentes. No es hasta el embarazo y el proceso de lactancia materna que el tejido está en pleno apogeo, así que hablaremos de ellos más adelante.

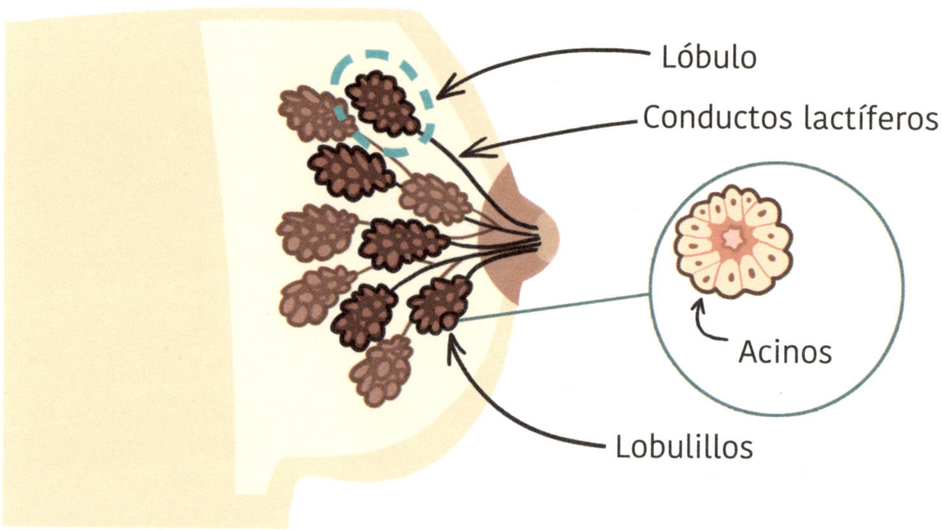

Tejido conectivo

El tejido conectivo es un tejido especial que ayuda a mantenerlo todo en su lugar. Piensa que es como si el pecho fuera una almohada: este tejido conectivo sería la funda de la almohada.

Está hecho de fibras fuertes, como colágeno y elastina, que sujetan las partes internas del pecho, como los conductos y las glándulas que producen leche.

Dentro de esa funda está el tejido adiposo, que sería el relleno de la almohada. Este tejido está hecho de grasa, que da forma al pecho y lo protege. También hay unas fibras llamadas ligamentos suspensorios, que funcionan como unos «tabiques» o cuerdas que mantienen el pecho en su sitio, desde la piel hasta el músculo de debajo de él. En resumen, todo este tejido trabaja junto para dar forma, soporte y protección al pecho.

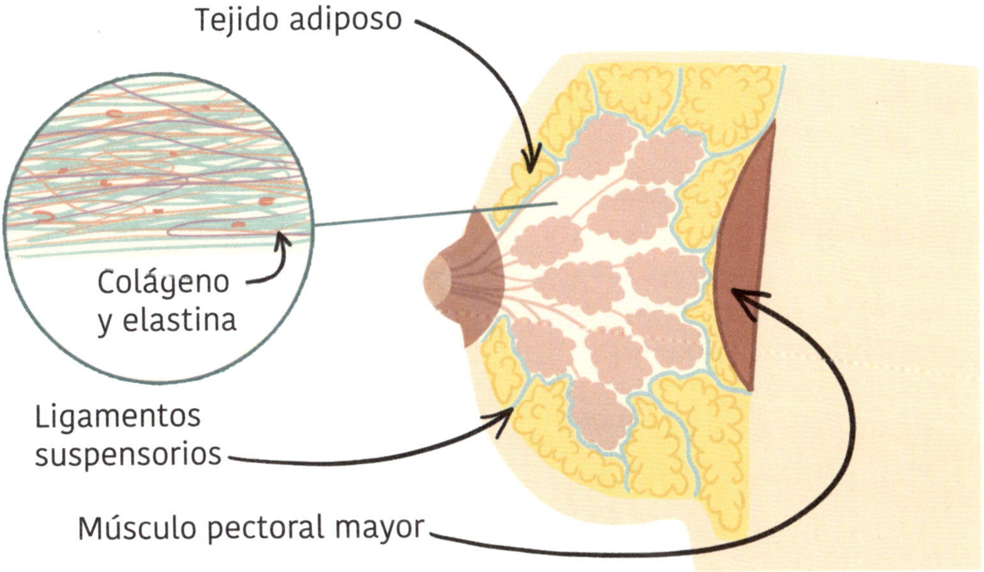

¿CÓMO EMPIEZAN A CRECER?

Quizá, si te pido que te imagines un pecho, piensas en uno redondo, simétrico, con una medida concreta. ¡Un pecho de anuncio, vaya! Y esto no tiene por qué ser así; tu pecho puede ser de muchas formas y tener diversos volúmenes. La forma del pecho es algo que quizá te preocupa o de lo que hablas con tus amigas. ¿Te animas a dibujar el pecho que has imaginado?

Cuando el pecho comienza a salir es como un botón, una pequeña protuberancia. Parece un pezón gigante, pero cambiará. El botón mamario es un signo emocionante de que has empezado la pubertad. Luego, el tejido se irá estirando y el pecho tendrá una forma más triangular, como un cono de helado. Es una forma algo sorprendente.

¡Sobresalen todo el rato!

Poco a poco irá creciendo y tomando una forma más redondeada.

¿SABÍAS QUE TU PECHO VA A ESTAR CAMBIANDO HASTA LOS 35 AÑOS, APROXIMADAMENTE?

Las semanas previas a la menstruación puede ser que percibas molestias en el pecho, especialmente en la zona del pezón y la areola, o en la parte externa; puedes tener la sensación de que tu pecho se hincha como un globo durante unos días. Esto se produce por causas hormonales, pues durante el final de cada ciclo el pecho crece y se prepara para un posible embarazo y su consiguiente lactancia.

LOS PECHOS CAMBIAN A LO LARGO DE TODA LA VIDA

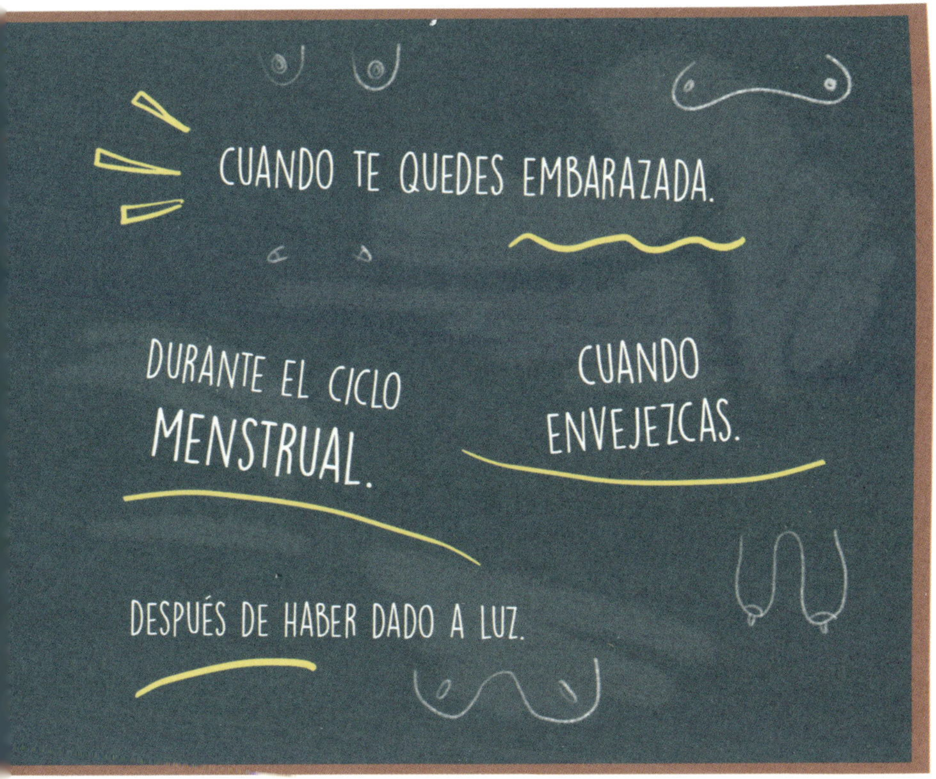

Además, los pechos son diferentes entre ellos. Ahora quizá te parezcan simétricos y bastante iguales, pero a medida que crezcas, cambiarán contigo y pueden ser visiblemente más asimétricos.

¡Quiero saber más!

¿Es malo tener un pecho más grande que el otro?

Es bastante habitual que los pechos sean diferentes entre ellos, especialmente durante la adolescencia, de la misma manera que pasa con los ojos, las orejas, los pies o cualquier otra parte del cuerpo de la que tengamos dos.

A medida que el cuerpo se desarrolla, es común que un pecho crezca más rápido que el otro. En la mayoría de los casos, con el tiempo, las diferencias se vuelven menos notorias, aunque muchas mujeres adultas siguen teniendo el pecho desigual. Si te sientes muy incómoda, si la asimetría es muy evidente o el tema te preocupa, no dudes en pedir cita con una comadrona para que pueda evaluarte.

Si puedo sostener un lápiz debajo de mi pecho, ¿tengo el pecho caído?

¡Para nada! Esta prueba es solo una broma que ha circulado durante años, pero no tiene ningún fundamento. Los pechos son de muchísimas formas y tamaños, y ninguno es mejor o peor que otro. Además, tu cuerpo aún está creciendo y cambiando, y tiene su propio ritmo. Si recibes ese comentario en tono de burla o como crítica, recuerda que esas cosas dicen más de ellos que de ti. Nadie debería medir su autoestima en función de un lápiz, una regla o cualquier otra prueba absurda.

¿Debo preocuparme si me sale líquido de los pezones o detecto cambios en la piel alrededor de los senos?

Si sale líquido por los pezones, es decir, si observas secreciones o cambios en la piel, puede ser un signo de problemas que deben ser evaluados por un médico. Estos signos son normales en algunos casos debido a trastornos hormonales, pero siempre es recomendable buscar atención médica para una evaluación adecuada.

LOS PECHOS A LO LARGO DE LA VIDA

El pecho cambia durante toda la vida. De bebés, el pecho de los niños y las niñas es el mismo. No es hasta que llegamos a la adolescencia que empieza a crecer y a desarrollarse.

Pero ¡no se para aquí! Sigue cambiando a lo largo de toda la vida, en cada ciclo menstrual, en cada embarazo y cada lactancia, durante el climaterio y ¡hasta en la vejez!

¡Vamos a verlo!

FASE EMBRIONARIA

El pecho empieza a crecer cuando estamos dentro del útero de nuestra madre. Al igual que otros órganos, el pecho se forma mientras nos están gestando.

CONCRETAMENTE, SE DESARROLLA SOBRE LAS 7 SEMANAS DE GESTACIÓN.

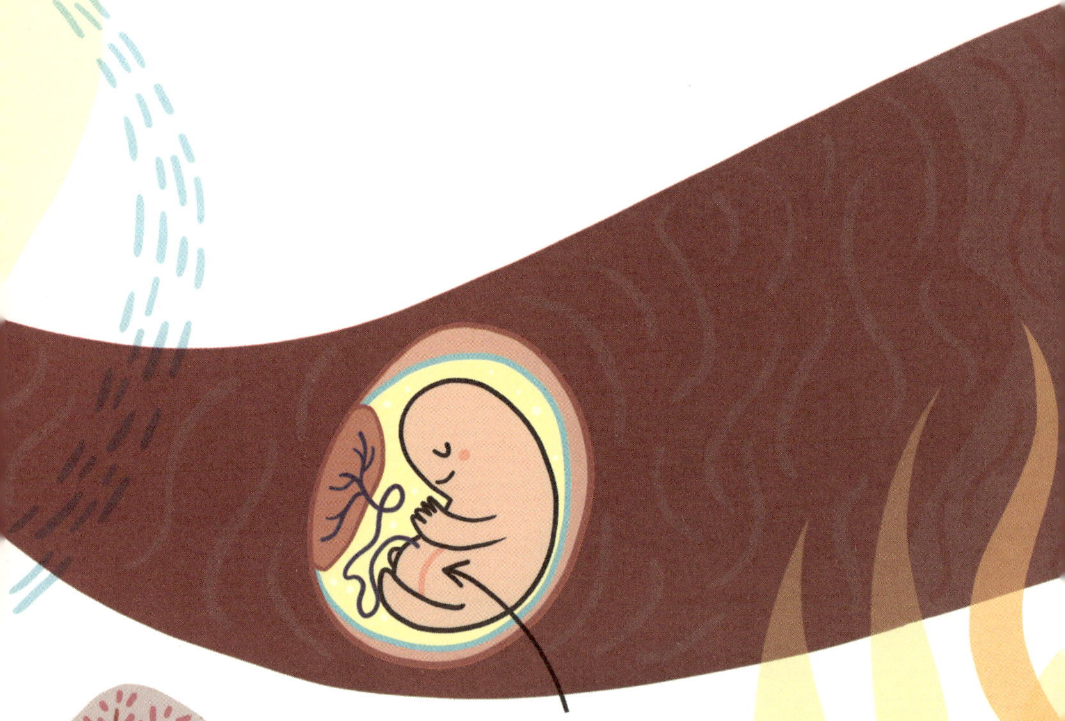

Líneas mamarias

Lo primero que se forma son las llamadas líneas mamarias, una línea de tejido que va desde cada axila hasta su muslo correspondiente, y en varios puntos de esta se crea tejido que podría dar lugar a tejido mamario. Esto es fácil de entender si piensas que otros mamíferos hembra tienen más de dos pechos, entre seis y trece, puesto que paren varias crías a la vez. Esta línea en los humanos desaparece en la semana diez de gestación.

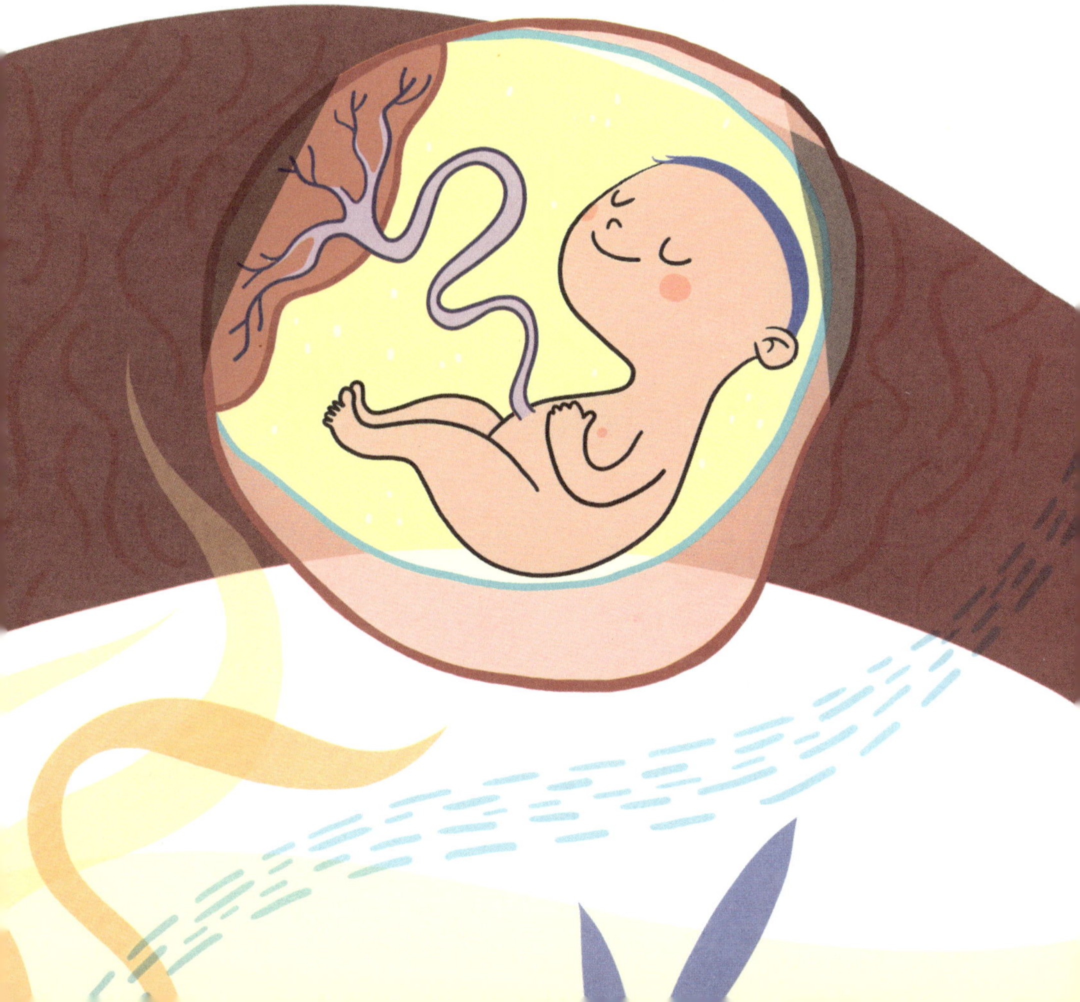

NACIMIENTO

Como hemos dicho al inicio del capítulo, al nacer, el pecho de un niño y una niña es exactamente igual. No hay ninguna diferencia.

Lo que puede suceder, tanto en niños como en niñas, es que durante la primera semana de vida el pecho se hinche y llegue a segregar leche, pero volverá a la normalidad si no se manipula ni se toca.

Se produce por el paso de las hormonas de la madre al bebé durante el parto. El nombre «leche de brujas» viene de la época medieval, ya que la única explicación que encontraban entonces era que fuera algo relacionado con un encantamiento de las brujas. ¡Ya ves que los mitos vienen de lejos!

INFANCIA

Es la etapa en la que menos se desarrolla el pecho. Permanece en un estado latente hasta la pubertad, de modo que tampoco habrá diferencia entre el pecho de niñas y de niños.

TE HABRÁS DADO CUENTA DE QUE EN LA INFANCIA ALGUNAS NIÑAS SE TAPAN LOS PECHOS CON LA PARTE DE ARRIBA DEL BIQUINI. SIN EMBARGO, ESTO ES UNA DECISIÓN PURAMENTE ESTÉTICA, PUES EL PECHO DE LOS NIÑOS Y LAS NIÑAS ES COMPLETAMENTE IGUAL.

PUBERTAD

¡Empieza una etapa de grandes cambios!

Gracias al aumento de estrógenos en las chicas, el cuerpo comienza a desarrollarse poco a poco, de la misma manera que los demás caracteres secundarios:

→ APARECE EL VELLO AXILAR Y PÚBICO.

→ LOS LABIOS MAYORES DE LA VULVA SE HACEN MÁS GRANDES.

→ APARECE EL FLUJO VAGINAL.

→ LLEGA LA MENSTRUACIÓN.

→ Y, POR SUPUESTO..., ¡EMPIEZA EL CRECIMIENTO DE LOS PECHOS!

Hay chicos que en la adolescencia también experimentan un ligero crecimiento del pecho. Les puede suceder en uno de ellos o en los dos, y puede darse por acumulación de grasa subcutánea o por desajustes hormonales. Suele remitir sin ayuda en uno o dos años.

ETAPA FÉRTIL

La etapa fértil comienza con la menarquia, la primera menstruación, lo que inicia el ciclo reproductivo.

Ciclo menstrual

Cada mes, en la fase premenstrual, el pecho crecerá, aumentarán los conductos y los conductillos y se preparará para una futura lactancia. Algunas mujeres, durante los días previos a la regla notan el pecho inflamado, y a algunas les molesta o les resulta doloroso tocárselo. Una vez que aparece la menstruación, todas estas molestias ceden y desaparecen.

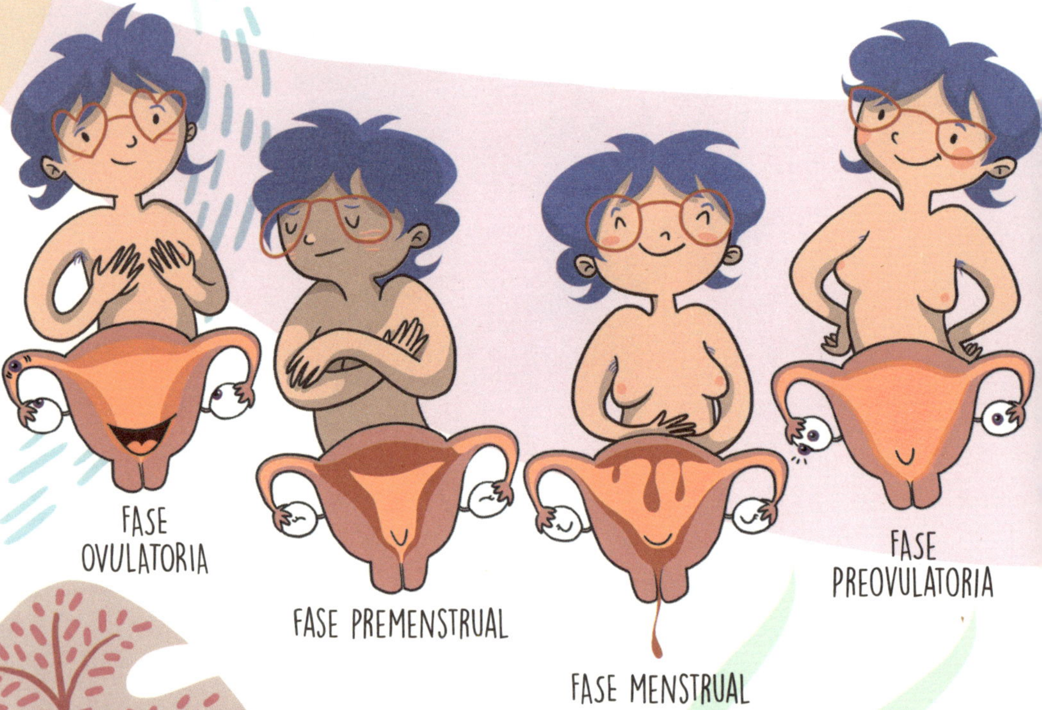

Ciclo reproductivo

Si se produce un embarazo, el pecho se desarrolla aún más y se empieza a producir la progesterona, la encargada de hacer crecer las células y de secretar la leche.

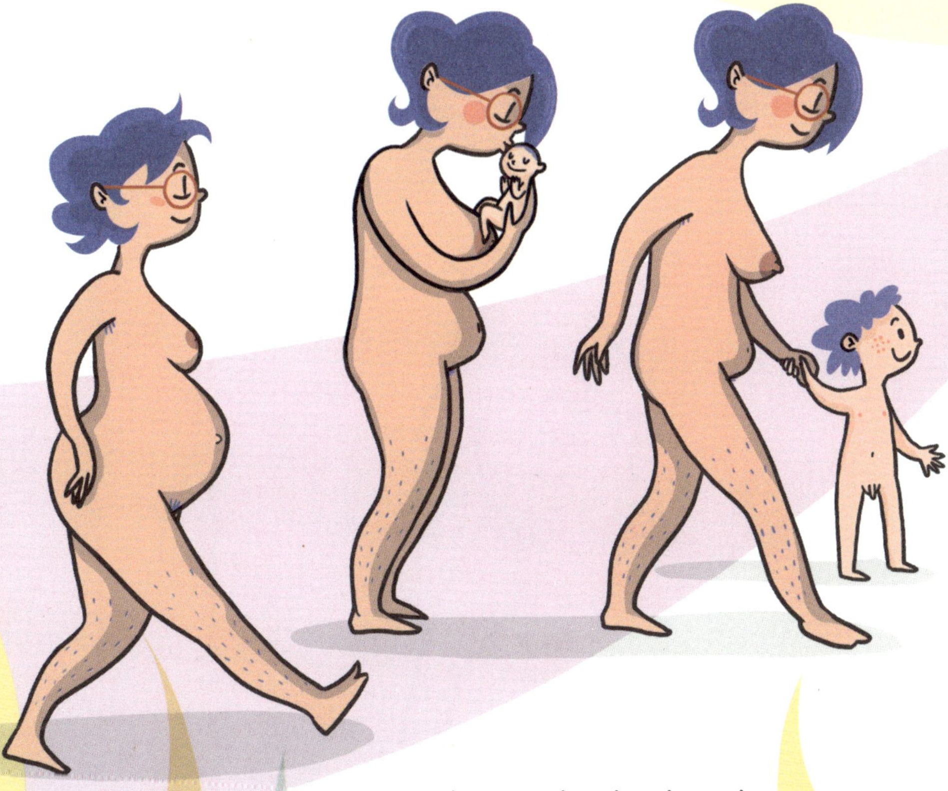

DURANTE LA LACTANCIA EL PECHO CRECE MUCHO.

MADUREZ

En la madurez, el pecho pierde volumen, aumenta la flacidez y la caída de los tejidos. Esto es a causa de la reducción de los estrógenos. Sin estrógeno, el tejido conectivo, que sirve de soporte y mantiene el tejido glandular en su sitio, pierde hidratación y se vuelve inelástico, lo que hace que el pecho se perciba más caído.

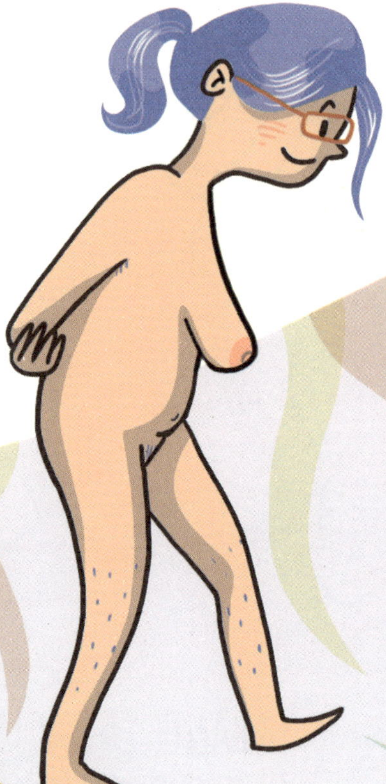

Algunas mujeres muy delgadas pierden grasa en el pecho y, al no tener ni grasa ni tejido mamario, su pecho se ve vacío y la piel, arrugada.

¡Quiero saber más!

¿Puedo hacer algo para que el pecho no me moleste durante la fase premenstrual?

Sí, hay algunas cosas que pueden ayudar. Para aliviarlo puedes:

- Usar un sujetador cómodo y que sujete bien los pechos.
- Evitar bebidas con cafeína y reducir la sal esos días.
- Aplicar calor local, como una bolsa de agua caliente.

Si el dolor es muy intenso o molesto, lo mejor es comentarlo con tus padres o con un profesional de la salud.

¿Qué son los estrógenos y la progesterona?

Los estrógenos y la progesterona son hormonas que produce nuestro cuerpo, especialmente durante la pubertad y el ciclo menstrual. Son una especie de mensajeras químicas que ayudan al cuerpo a desarrollarse. Los estrógenos hacen que el pecho crezca, mientras que la progesterona madura las estructuras mamarias.

¿Qué pasa con la línea mamaria? ¿Desaparece?

Al nacer, la mayoría de las personas solo conservan dos mamas, es decir, los pechos que conocemos, pero, a veces, en esa línea pueden aparecer pequeños bultitos o incluso tejido mamario adicional, algo que es totalmente normal y no suele causar problemas.

EL PECHO EN LA ADOLESCENCIA

Ya hemos hablado un poco de todas las fases de la vida, pero vamos a explorar más a fondo la etapa en la que te encuentras: la pubertad y la adolescencia.

«Pubertad» y «adolescencia» son términos que solemos usar como sinónimos, pero no lo son. La pubertad se inicia, aproximadamente, sobre los diez años y finaliza a los trece. En este momento es cuando comienza la adolescencia, que se alarga más o menos hasta los diecinueve años.

La pubertad es una de las etapas en las que el pecho cambia más. En el caso de las niñas, empieza a crecer y desarrollarse, un proceso que dura entre tres y cinco años.

¡Veamos qué puedes esperar!

LAS ETAPAS DE CRECIMIENTO DE LOS PECHOS

Antes de los 10 años

En esta primera etapa, el pecho está plano y no se aprecia tejido glandular debajo. La areola se encuentra plana contra el pecho y el pezón es la única parte que sobresale un poco. Este periodo inicial establecerá la base para el crecimiento y las transformaciones que ocurrirán durante la pubertad.

Entre los 8 y los 13 años

Dos años antes de la primera regla, notarás un bulto debajo del pezón y verás que el pecho ya no está tan plano como en la etapa anterior. Se llama botón mamario y es la primera señal de desarrollo del pecho. Puede que te moleste, te pique la piel o te duela si te das un golpe. ¡Este momento marca el inicio de la pubertad!

Entre los 9 y los 15 años

Tu pecho aún experimentará más cambios. Durante esta etapa los pechos no solo se van a hacer más grandes, sino que también empezarás a ver cambios en su forma.

La areola se oscurece y se vuelve más visible, y se levanta ligeramente. En esta fase el pecho tiene una forma bastante cónica, como de cucurucho de helado. Para algunas chicas, este puede ser un momento un poco complicado de gestionar. El pecho tiene una forma especial y puede costar sentirse cómoda cuando se marca a través de la ropa.

Entre los 10 y los 16 años

En esta etapa el pecho seguirá creciendo, aumentando su volumen y adoptando cada vez una forma más redonda.

Entre los 16 y los 18 años

Pero esto no termina aquí. Unos años después de la primera regla, generalmente entre los diecisiete y los dieciocho años, el pecho llega a la etapa final de su desarrollo. En esta fase adquiere su forma adulta definitiva, pero quedan muchos cambios por vivir.

AHORA YA SABES CÓMO SE DESARROLLA EL PECHO DURANTE LA PUBERTAD, UN PROCESO ÚNICO PARA CADA PERSONA.

ESTE VIAJE NO ES TAN SOLO FÍSICO, ES TAMBIÉN UN VIAJE EMOCIONAL HACIA LA ADULTEZ.
Y RECUERDA: CADA CUERPO EVOLUCIONA A SU PROPIO RITMO, Y LAS VARIACIONES SON COMUNES Y NATURALES.

UN PROCESO LLENO DE EMOCIONES

Ya has visto que el crecimiento del pecho es una parte natural del desarrollo durante la adolescencia. Si te sientes feliz y segura con tu pecho, lo celebramos, porque se trata de eso:

Pero si, por lo contrario, te sientes algo incómoda o insegura al respecto, tranquila, hay chicas que se sienten igual que tú.

A medida que tu cuerpo cambia, es posible que notes que también cambia la forma en la que te mueves, cómo te vistes o cómo te sientes contigo misma. Hay chicas que se encorvan para intentar esconder el pecho o que se ponen varios sujetadores para que no se note tanto. Al principio, podrías sentir que todo el mundo se fija en tu pecho; solo debes saber que ¡no hay ninguna razón para que te escondas!

A veces sentimos que no encajamos en lo que otros piensan que es «normal» o «bonito». Confía en ti.

Si alguna vez te sientes insegura, habla con alguien en quien confíes; es muy probable que tus amigas y compañeras estén pasando por lo mismo. ¿Has hablado con ellas?

Y tú, ¿cómo llevas este crecimiento del pecho?

LAS OPINIONES AJENAS

No todos los compañeros y compañeras son amables, y muchos tienen que aprender que sobre el cuerpo de los demás no se opina. Quizá hayas recibido comentarios o bromas sobre tus pechos, o puede que a veces te hayan comparado con otras compañeras. Tal vez has escuchado a tus compañeros hacer comentarios despectivos sobre los pechos de las chicas:

Por desgracia, es muy común que a esta edad las personas hagan chistes o hablen del cuerpo de los demás sin pensar en las consecuencias. Algunas veces lo hacen para intentar ser graciosos, otras porque tienen inseguridades propias y otras porque simplemente no se dan cuenta de que esas palabras pueden doler. En ocasiones, estos comentarios pueden ser de amigos que no tienen la intención de herirte, pero eso no significa que sus palabras no te afecten. Tus emociones son válidas.

Si eso te ha pasado, quiero que sepas que el problema no lo tienes tú, ni tu pecho ni tu cuerpo. El problema lo tienen las personas que hacen estos comentarios.

LO QUE OTROS DICEN SOBRE TI
NO DEFINE QUIÉN ERES.
TU VALOR NO ESTÁ EN CÓMO TE VES
O EN CUÁNTO HA CAMBIADO TU CUERPO.
TU VALOR ESTÁ EN QUIÉN ERES COMO PERSONA,
EN CÓMO TRATAS A LOS DEMÁS,
EN TUS SUEÑOS, EN TUS IDEAS
Y EN TODO LO QUE TE HACE ÚNICA.

¿QUÉ PUEDO HACER CUANDO ME MIRAN EL PECHO O ME HACEN BROMAS?

Los pechos pueden atraer muchas miradas, tanto de chicos como de otras chicas, y esto te podría incomodar. ¡La gente suele ser poco sutil y, a veces, desagradable! Ante comentarios, bromas o situaciones incómodas, es importante saber cómo actuar y responder.

Mantén la calma. Es fácil sentirse molesta o avergonzada, pero trata de mantener la calma. Recuerda que lo más importante es cómo te sientes tú, no lo que otros piensen.

Haz contacto visual. Si notas que alguien te está mirando de manera inapropiada, intenta mantener contacto visual. Esto puede hacer que la otra persona se dé cuenta de que su comportamiento no es adecuado.

Responde con seguridad. Si alguien hace un comentario o una broma incómoda, responde de manera firme pero tranquila. Puedes decir algo como:

Cambia de tema o retírate. Si la situación sigue siendo incómoda, cambia de tema o aléjate. No tienes que quedarte en un lugar o con una persona si no te sientes cómoda.

Habla con un adulto de confianza. Si alguien te hace sentir muy incómoda o si la situación se repite, es importante que hables con un adulto de confianza (tus progenitores, una profesora, una hermana o prima mayor que tú...).

¡Quiero saber más!

¿Puedo hacer algo para que me crezca el pecho?

El tamaño del pecho está en gran medida determinado por factores genéticos y hormonales. Aunque algunos ejercicios, como el entrenamiento de fuerza, pueden mejorar la apariencia y la firmeza, no hay evidencia sólida de que estos puedan aumentar significativamente el tamaño del pecho.

¿Y si no me crece el pecho? ¿Qué puedo hacer?

Si el crecimiento del pecho te preocupa, primero es importante determinar qué es lo que te inquieta. Para ello es probable que necesites la ayuda de una psicóloga especializada en adolescentes. A veces da un poco de miedo pensar en ir a la psicóloga, este es otro tabú muy grande, así que habla con tu padre o tu madre y diles cómo te sientes; seguro que ellos saben encontrar a quien te pueda ayudar.

¿Las técnicas de masaje tienen algún efecto real sobre su firmeza o tamaño?

Los masajes en los senos pueden mejorar la circulación y la apariencia temporalmente, pero no hay pruebas científicas de que puedan cambiar el tamaño o la firmeza del pecho a largo plazo. La firmeza del pecho también puede estar relacionada con la elasticidad de la piel y, por tanto, con la edad.

Me están creciendo los pechos y me molesta. ¿Puedo hacer algo?

Sí, a veces, el crecimiento puede ser incómodo o te puede causar molestias. Si te preocupa o te duele demasiado, es el momento de hablar con una comadrona, que se encarga de la salud sexual y reproductiva, y ver qué opciones puede ofrecerte.

TODAS SOMOS ÚNICAS

Quizá aún no lo has notado (sería genial), pero el cuerpo de las mujeres y los pechos están sujetos a muchas expectativas sociales y estéticas. Esta presión estética está cada vez más presente en la vida de las chicas adolescentes, y puede tomar mil formas distintas: rutinas faciales, maquillajes, peinados, ropa, uñas, deporte, comida, bailes que son *trend* y que debes saber hacer a la perfección...

Cuando empezamos a experimentar cambios corporales, también podemos sentir la presión estética que ejerce la sociedad sobre nuestro cuerpo. En gran medida, esta presión surge de la influencia omnipresente de la publicidad, los medios de comunicación y las redes sociales con las que convivimos cada día, y también de nuestra autoexigencia.

¡Hablemos de ello!

EL NEGOCIO DE LA BELLEZA

Las imágenes de las mujeres que se presentan en los medios y que vemos cada día centenares de veces suelen estar editadas y manipuladas para ajustarse a estándares de belleza poco realistas. Este bombardeo constante crea una percepción distorsionada de cómo debemos ser, y genera, en un momento muy complejo de la vida como es la adolescencia, una fuerte presión para seguir estos ideales.

La cultura del consumo desempeña un papel crucial en esta dinámica. La industria de la moda, la belleza y el bienestar promueve cuerpos específicos como modelos a seguir, e impulsa la venta de productos que supuestamente ayudan a alcanzar ese «cuerpo ideal»; desde cosméticos y ropa, hasta dietas y ejercicios o rutinas.

EL MENSAJE QUE LANZAN ES QUE, PARA SER ACEPTADA Y VALORADA, UNA CHICA DEBE AJUSTARSE A CIERTOS CÁNONES ESTÉTICOS Y LUCHAR PARA CONSEGUIRLOS.

Esta presión está profundamente enraizada en las normas de género que se han perpetuado a lo largo de la historia. Estas normas parecen dictar lo que se espera de los niños o las niñas, qué podemos y no podemos hacer por ser de un sexo u otro.

¿TE HAS PLANTEADO QUE AÚN HOY EN DÍA HAY «COSAS DE CHICAS» Y «COSAS DE CHICOS»?

Y no podemos olvidar que el valor de una mujer está muy vinculado a su apariencia física.

A medida que crecemos, interiorizamos que nuestro cuerpo recibirá juicios, y esto puede impactar negativamente en nuestra autoestima y en nuestro bienestar emocional.

Algunas personas señalarán lo que ellas consideren imperfecciones o aspectos a mejorar de ti misma.

Pero ¡tú no hagas ni caso!

EL IDEAL NO SIEMPRE HA SIDO EL MISMO

Es clave recordar que las modas cambian con el tiempo y la cultura. Los pechos que antes gustaban no son los mismos que gustan ahora, y seguramente cuando seas adulta la moda será diferente y la sociedad pondrá en valor otro tipo de pecho. Cada época y civilización tiene su ideal de belleza.

El arte es un gran referente para entender estos cambios en los gustos sociales sobre el cuerpo de la mujer. Obsérvalo por ti misma.

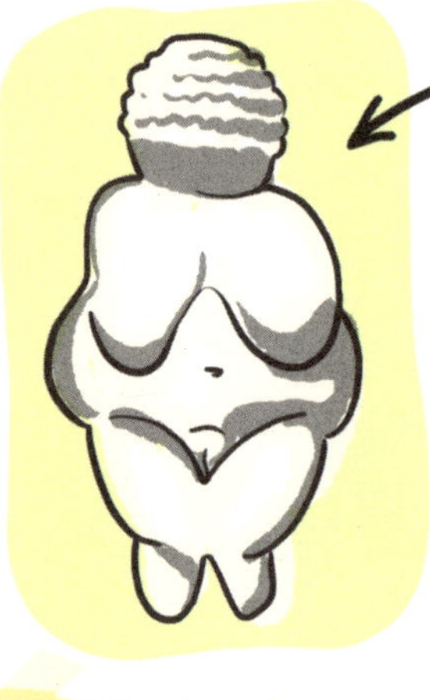

Venus de Willendorf
(28.000-25.000 a. e. c.)
La dimensión del pecho es grande, caído y muy voluminoso.

Venus de Milo
(aprox. 100 a. e. c.)
Su pecho es firme y simétrico, pero hoy en día hay quien diría que es demasiado pequeño.

***Las tres Gracias*, de Rubens**
(1630–1635)
Los artistas de esta época presentan a las mujeres con los pechos redondeados y naturales, siempre dentro del marco de idealización de la belleza.

***Sorrow*, de Van Gogh**
(1882)
Se distinguen los pezones grandes y las areolas oscuras, que dan cuenta del embarazo de la modelo de esta obra, con lo que se muestran los cambios en el cuerpo en esta etapa de la vida.

Ya ves que el cuerpo de las mujeres, y en este caso sus pechos, ha sido representado en el arte a lo largo de la historia según los ideales sociales, estéticos y culturales de cada época.

Y EL VOLUMEN DEL PECHO, ¿QUÉ?

El volumen del pecho también es algo de lo que tenemos que hablar. El valor que se le asigna a un pecho grande está a menudo ligado a la sexualización y a la idea de que una mujer es más deseable o femenina si cumple con este estándar.

Esta situación puede llevar a consecuencias psicológicas significativas, ya que muchas chicas experimentan ansiedad, inseguridad o dismorfia corporal al sentir que no encajan en estos moldes de belleza.

La **dismorfia corporal** aparece cuando te obsesionas con una parte de tu cuerpo que crees que es fea o que no encaja, aunque en realidad no es fea en absoluto. Esto puede hacerte sentir muy mal contigo misma, hasta el punto de querer evitar salir, esconder esa parte del cuerpo con la ropa o querer cambiarla a toda costa. Si estos pensamientos te afectan mucho, es importante hablar con alguien de confianza o buscar ayuda.

Es habitual que esta presión te cause inseguridades sobre tu cuerpo o apariencia y que te haga sentir que no eres suficientemente guapa, y esto también puede pasarte según cómo sea tu pecho, según la forma o el volumen que tenga. Pero debes tener claro que los pechos pueden variar en tamaño, forma, tener pelos, estrías o pezones de diferentes tipos.

¡TODOS LOS PECHOS SON DISTINTOS,
Y TODOS SON IGUAL DE MARAVILLOSOS,
AUNQUE LA PRESIÓN ESTÉTICA
TE HAGA PENSAR QUE NO!

LO QUE HAY QUE SABER SOBRE LA CIRUGÍA

Por todo esto que hemos comentado, hay chicas que deciden someterse a operaciones estéticas, y las de pecho son bastante habituales.

Hay varios tipos de operación de pecho:

Aumento de pecho
Se colocan unas prótesis debajo del tejido mamario o del músculo del pecho.

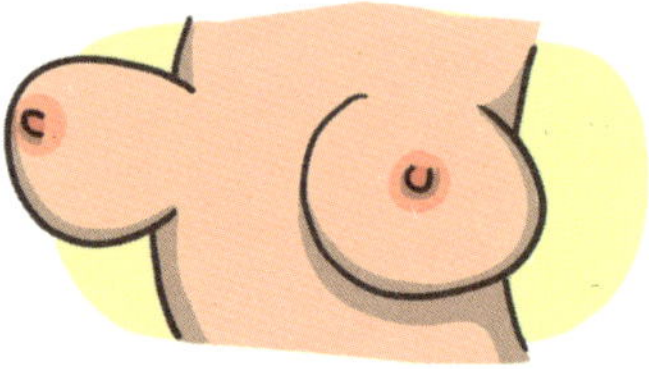

Mastopexia
Se levanta el pecho.

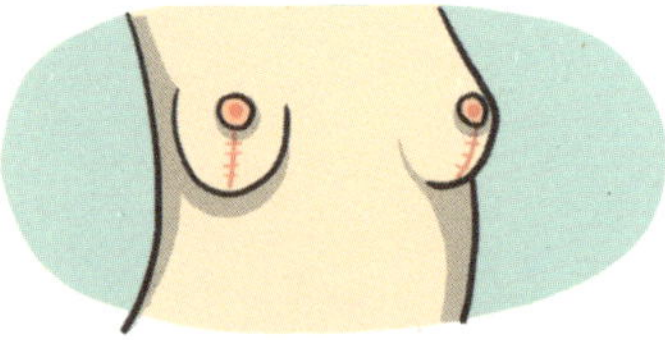

Reducción mamaria
Se realiza cuando el pecho es grande y causa molestias, especialmente en la espalda, o disminuye la autoestima.

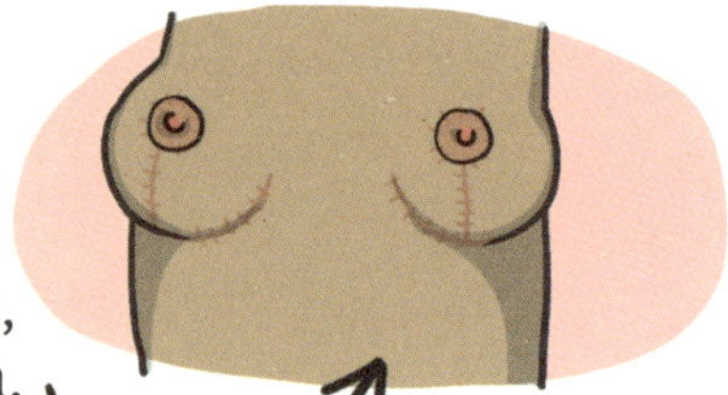

Es muy importante que la persona que esté considerando cualquiera de estos procedimientos tenga una conversación con un médico para entender bien los beneficios, riesgos y resultados a corto y largo plazo.

La cirugía estética puede cambiar la apariencia del pecho, es cierto, pero conlleva riesgos y efectos secundarios que pueden acompañarte toda la vida. Los más habituales son:

1. Dolor.
2. Cicatrices visibles.
3. Ausencia de sensibilidad en algunas partes del pecho.
4. Necesidad de renovar las prótesis cada cierto tiempo.
5. Dificultades para amamantar.

ESTRÍAS: TU PIEL ESTÁ CRECIENDO CONTIGO

Las estrías aparecen cuando la piel se estira rápidamente, algo que ocurre mucho durante la pubertad. En esta etapa, los pechos, las caderas y otras partes del cuerpo crecen a toda velocidad, y a veces la piel no tiene tiempo de adaptarse. El resultado son esas líneas rosadas, moradas o de un color más blanco.

¿Es habitual tener estrías?

Las estrías son una señal de que tu cuerpo está cambiando y creciendo, algo completamente natural. Aunque muchas personas intentan ocultarlas, ¡muchísimas las tienen! Y no solo las chicas; chicos, deportistas y hasta modelos tienen estrías.

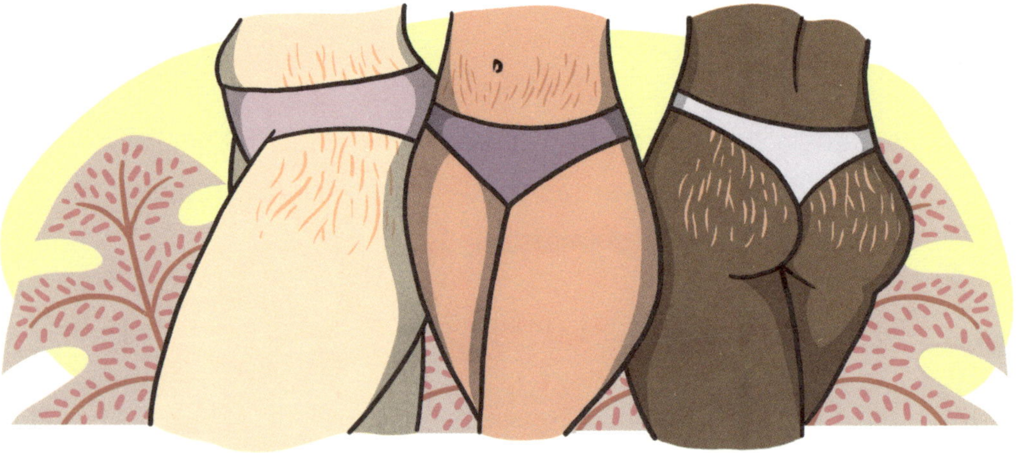

¿Se pueden prevenir o mejorar?

Aunque no se pueden evitar por completo, puedes ayudar a tu piel a mantenerse flexible.

Hidrátate bien. Usa cremas con ingredientes como manteca de karité o aceite de almendras.

Evita que les dé el sol. El sol daña la piel con estrías y hace que las manchas sean más evidentes.

Si las estrías te preocupan, puedes consultar a un dermatólogo. Pero recuerda: no es obligatorio «borrar» algo que forma parte de tu cuerpo. En lugar de esconderlo o sentirte mal, intenta aceptar que estas características son parte de lo que te hace ser tú.

TENER ESTRÍAS EN EL PECHO
TE HACE HUMANA.

LOS PELOS

Si te has mirado al espejo y te has visto algún pelo en la areola, quizá te habrás sorprendido.

Tener algunos pelitos en el pecho, especialmente cerca de la areola, es algo que muchas chicas tienen, pero pocas se atreven a hablar de ello.

Aparecen en esta zona porque nuestras hormonas regulan el crecimiento del vello en distintas partes del cuerpo.

TU CUERPO Y TUS PELOS MOLAN
TAL COMO SON, NO TIENES
QUE ENCAJAR EN NADA.

LA COMPARACIÓN ES UNA TRAMPA

¿Te has comparado con alguna compañera? ¿Has deseado tener su pecho?

Es fácil mirar a otras personas (amigas, compañeras, influencers...) y pensar que su pecho es mejor o más bonito. Y esto también pasa con otras partes del cuerpo; nos parece que nos sentiríamos mejor si fuéramos ellas, ¿no es así?

Pero aquí está la verdad: incluso aquellas personas que parecen tenerlo todo probablemente también tengan inseguridades y dudas. Compararte con otras no te ayudará a sentirte mejor, porque cada persona es irrepetible, y lo que te hace especial y única no lo tiene nadie más. Aunque quizá no te lo creas, eres perfecta.

LOS PECHOS Y LA SEXUALIDAD

La función sexual de los pechos es un tema que a menudo genera mucha curiosidad y preguntas, especialmente durante la adolescencia, un periodo en el que el cuerpo está experimentando muchos cambios y es importante entender cómo funciona.

Los pechos son órganos erógenos que pueden desempeñar un papel importante en el deseo y el placer sexual. Como parte del mapa erógeno del cuerpo humano, son áreas sensibles al tacto y a la estimulación, capaces de generar sensaciones de placer que pueden contribuir a la excitación y, en algunas personas, incluso facilitar que tengan un orgasmo. Pero no son las únicas partes erógenas del cuerpo: también lo son los labios, el cuello, los genitales o la parte interna de los muslos, entre otras.

DESARROLLO DE LA SENSIBILIDAD

Los pechos contienen una gran cantidad de terminaciones nerviosas, lo que los hace extremadamente sensibles. Esta sensibilidad varía de una persona a otra y puede intensificarse durante ciertos momentos de la vida, como en el ciclo menstrual o el embarazo. Y también es esta sensibilidad extra la que los convierte en una zona erógena y que está relacionada con el placer.

La areola suele ser más sensible que el pezón debido a la alta concentración de terminaciones nerviosas en esta zona pigmentada.

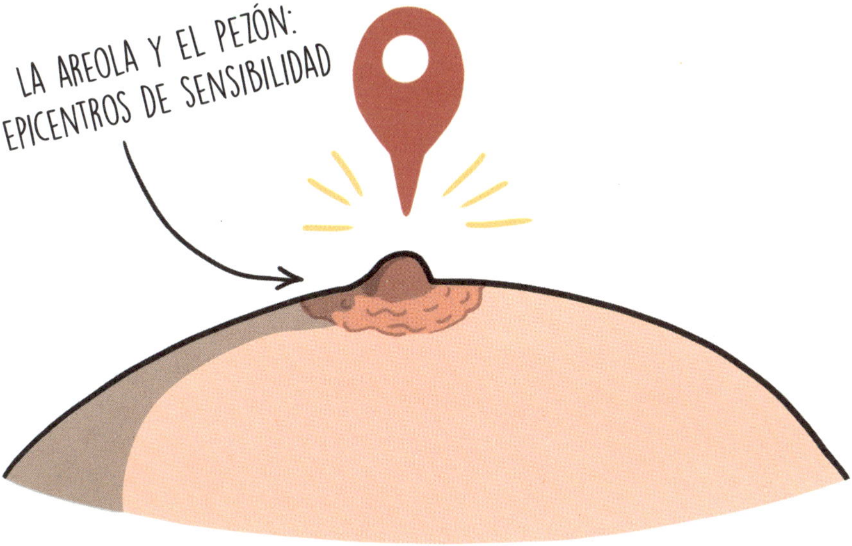

Durante la estimulación sexual, tanto la areola como el pezón pueden experimentar cambios y mayor sensibilidad, intensificando las sensaciones placenteras.

Cuando nos excitamos, el aumento del flujo sanguíneo a los pechos puede hacer que se hinchen, mientras que el tejido de los pezones y la areola se vuelven erectos debido a la contracción de las fibras musculares de las que están compuestos. Esta respuesta es similar a la de otras zonas erógenas, como los genitales.

Sin embargo, la sensibilidad de los pechos no siempre se asocia con placer. Hay personas que sienten molestia o incluso rechazo ante el contacto en esta área. Por ello, es fundamental que puedas establecer tus preferencias y límites.

La erección de los pezones ocurre debido a la contracción de pequeños músculos llamados músculos lisos, situados en la areola. Esta reacción puede ser provocada por estímulos como el frío, la excitación sexual o incluso emociones intensas.

A veces, esto ocurre en situaciones en las que estás con mucha gente o en las que te puedes sentir mal o recibir comentarios inapropiados. Hay chicas que prefieren llevar camisetas más holgadas para que el pezón no se marque, y es una opción, pero no hay razón para sentirte mal si se marca, es algo que no puedes controlar.

¡Que se marque el pezón bajo la ropa es absolutamente natural!

Algunas zonas erógenas

LOS PECHOS Y LA ATRACCIÓN SEXUAL

La atracción sexual puede producirse entre personas del mismo o de diferente sexo. Se da cuando una persona nos gusta, nos excita o nos «pone». Es una percepción que en ocasiones surge sin razón y nos cuesta entender por qué aparece.

Los pechos tienen un gran poder de atracción tanto en chicos como en chicas. Hay gente que se fija en los ojos, en el culo o en las manos, pero también hay personas que se fijan en los pechos. Estos parecen ejercer un gran poder de fascinación en los dos sexos.

CONSENTIMIENTO Y COMUNICACIÓN

Es prioritario e importantísimo tener claro que cada persona tiene una relación única con su cuerpo y su sexualidad. Mientras que algunas disfrutan de la estimulación de los pechos como parte del placer sexual, otras pueden no sentirse cómodas con este tipo de contacto.

Es importante que primero explores contigo misma, que experimentes qué te gusta y qué no te gusta tanto. De esta manera, cuando tengas pareja podrás decirle qué puede hacer y cuáles son los límites con tu cuerpo. La comunicación honesta y el consentimiento mutuo son esenciales para garantizar que ambas partes se sientan cómodas y disfruten de la experiencia.

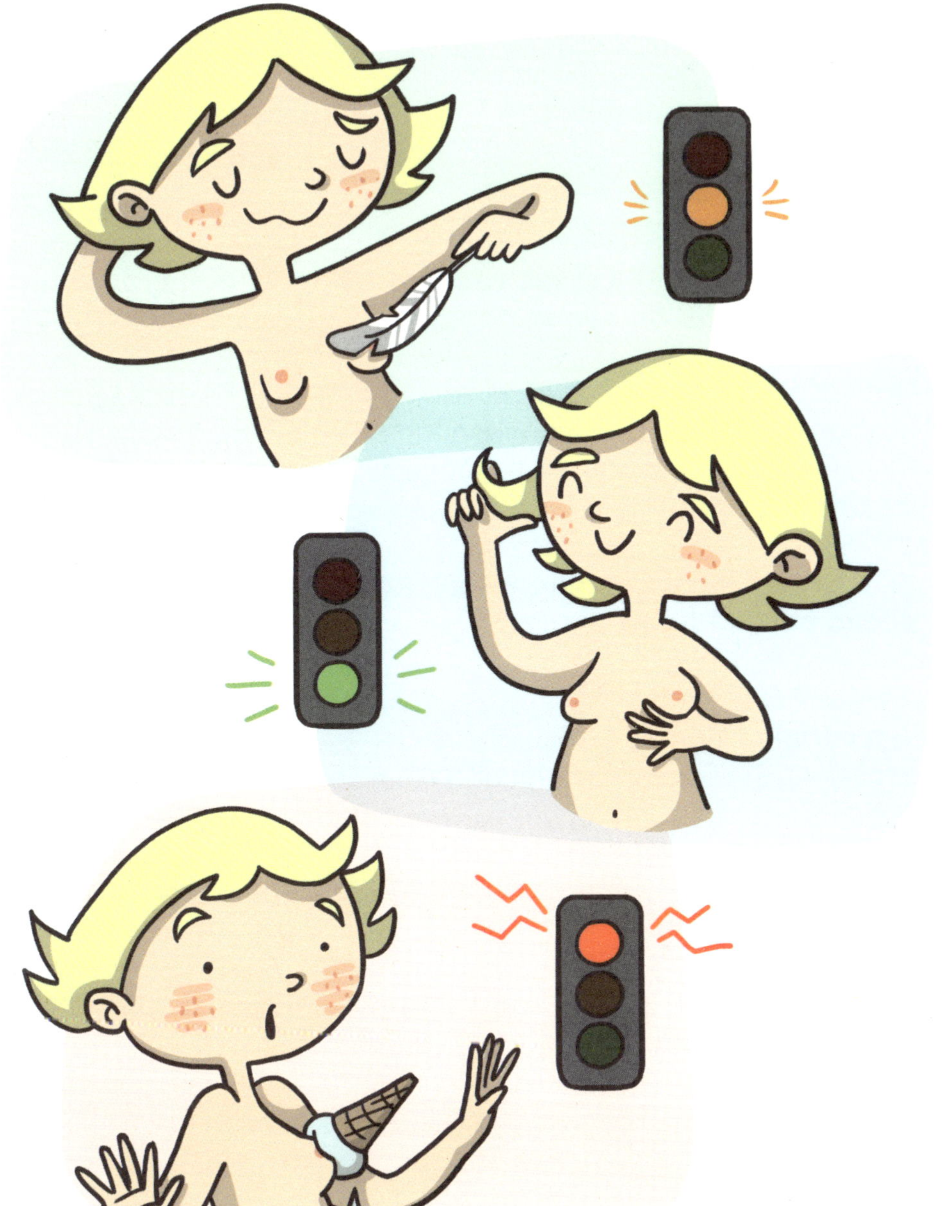

¡Quiero saber más!

¿Tengo un problema si los pezones se me ponen erectos en situaciones que no son sexuales?

No, es totalmente habitual. El frío, la emoción, la excitación... pueden hacer que tu pezón responda y se ponga erecto. No es más que una respuesta fisiológica de nuestro cuerpo, totalmente involuntaria, mediada por el sistema nervioso.

¿Y si lo que me da vergüenza es que mi pareja me vea el pecho porque no es bonito?

A algunas chicas les da vergüenza mostrar el pecho a la pareja. Sea porque es grande, pequeño, tiene estrías o una forma especial... Si te incomoda, puedes mantener relaciones sexuales con el sujetador puesto, por ejemplo. De todas maneras, y es importante señalar esto, es probable que a la persona con la que estés tus pechos le parezcan maravillosos y no les vea ningún problema.

¿Cómo comunico que no me gusta que me toquen los pechos cuando estoy en medio de una relación sexual?

Es una muy buena pregunta. Lo ideal sería que hubieras podido hablarlo antes con tu pareja sexual, pero no siempre será así.

Es por ello que, si cuando estás en medio de la relación sexual no quieres que te toque o vea el pecho, puedes hacer varias cosas:

- **Comunicarlo directamente.** «Prefiero que no me toques el pecho».
- **Comunicarlo indirectamente.** Lleva las manos o la boca de la persona a otra zona de tu cuerpo y reafirma de manera verbal, si la pareja no lo capta, que no quieres que te vea o toque el pecho.

No olvides que tu cuerpo es solo tuyo, y si te incomoda esta situación, tienes todo el derecho de informar de ello a la otra persona, y la pareja debe respetarlo siempre.

EL PECHO DURANTE LA LACTANCIA

Los pechos tienen varias funciones, y una de ellas es biológica. Después del nacimiento de un bebé, los pechos de la mujer producen leche para alimentarlo de manera exclusiva durante los seis primeros meses. ¡Sí, lo has leído bien!

Un bebé no necesita más que la leche que su madre le puede proporcionar, y podrá tomar leche materna hasta que ambos quieran.

A pesar de que cuando un bebé nace espera encontrar dos pechos y tomar leche materna, para muchas mujeres la lactancia materna no es una opción, por el motivo que sea.
Y esta situación es igual de respetable.

Te lo explico...

¿QUÉ TIENE LA LECHE MATERNA DE ESPECIAL?

La leche materna es la que cada mamífero hembra produce específicamente para su cría. La leche de cada especie está diseñada para el crecimiento óptimo y al ritmo que se requiere para que la cría se haga adulta. No crece igual un ratón que un elefante, y la composición de la leche muestra estas diferencias.

La composición de la leche también depende del tipo de alimentación que tiene la madre. Por ejemplo, una cebra que vive en las llanuras puede comer tranquilamente con su cría al lado, por lo que su leche no necesita tener un porcentaje de grasa muy elevado. En cambio, una foca, que debe salir a cazar y dejar a sus crías solas durante muchas horas, fabrica una leche con mucha grasa para que crezcan muy rápido.

En los grandes primates (a los que nos parecemos mucho) las crías están siempre pegadas a su madre y tienen un crecimiento lento. La leche que producen tiene menos grasa y más proteínas, lo cual ayuda a desarrollar el cerebro.

LA LECHE MATERNA HUMANA

Los bebés humanos son extremadamente dependientes de su madre; necesitan contacto constante y mamar de ocho a doce veces en veinticuatro horas. Además, la leche materna tiene una composición cambiante; de hecho, es un alimento vivo. ¿Qué quiere decir esto?

La leche materna se adapta a la etapa de crecimiento del bebé.

LA PRIMERA LECHE QUE FABRICA UNA MUJER, LA MÁS RICA EN COMPONENTES INMUNITARIOS, SE LLAMA CALOSTRO.

El calostro es un líquido amarillento, denso, cuya principal función es proteger al bebé; es algo así como una primera vacuna. A los pocos días, la madre tendrá leche de transición, que es una mezcla entre el calostro y la siguiente leche, la leche madura. Esta última empieza a segregarse sobre los diez días de vida del bebé y se mantendrá hasta el final de la lactancia.

La leche cambia de composición no solo cuando el bebé crece, sino también en las diferentes horas del día, dependiendo del rato que hace que el bebé ha tomado el pecho.

La leche materna está llena de células inmunitarias que protegen al bebé de las infecciones, y esto lo hará no solo mientras el bebé tome leche, sino que años después, cuando somos adultos, la inmunidad recibida mediante la leche materna aún puede actuar.

¿CUÁNDO EMPIEZA A PRODUCIRSE LA LECHE?

Cuando nace el bebé, la madre alumbra la placenta y este es el mecanismo que pone en marcha el proceso de subida de leche, que se producirá habitualmente a los tres días de vida del bebé. ¡Ah, y pasa igual en un parto vaginal o en una cesárea!

Una vez se ha producido la subida de la leche, el pecho la genera según la demanda del bebé. Cuando el bebé estimula la areola, manda una señal a la hipófisis, una pequeña glándula situada en la base del cerebro que produce dos hormonas clave durante la lactancia: la prolactina y la oxitocina.

LA PROLACTINA INDICA A LA GLÁNDULA MAMARIA QUE ES NECESARIO PRODUCIR LECHE.

LA OXITOCINA SE ENCARGA DE QUE LA LECHE SALGA DE LOS PECHOS CUANDO EL BEBÉ SUCCIONA.

Por tanto, para producir leche y que esta salga, necesitamos un bebé que succione y que estimule el pecho. Esto es bastante curioso, ya que cuanto más mama el bebé y más leche extrae del pecho, más leche se produce. Por el contrario, si el bebé mama poco o deja de hacerlo, la producción de leche disminuye.

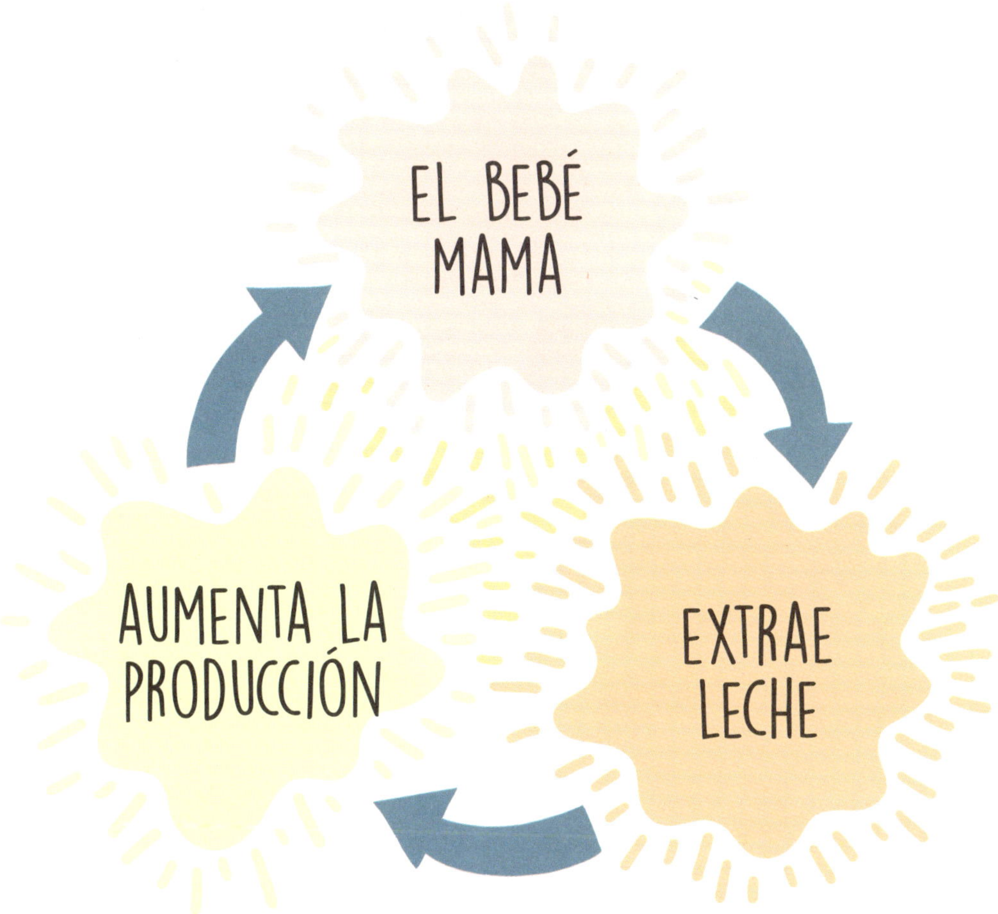

¿CUÁNTO DURA LA LACTANCIA?

La lactancia en humanos podría durar entre dos años y medio y siete años, lo que coincide con el tiempo de lactancia de los primates, como los chimpancés. Durante los seis primeros meses de vida, los bebés no deberían tomar nada más que no fuera leche, sea materna o artificial. A partir de los seis meses ya pueden consumir otros alimentos, que van a complementar la leche materna, la cual deberían seguir recibiendo un mínimo de dos años.

Pero en la mayoría de las sociedades, la lactancia materna suele interrumpirse mucho antes de alcanzar estos límites naturales. En el ámbito global, solo un 40 % de las mujeres sigue con la lactancia a los seis meses de vida de su bebé. Esto se debe a una serie de factores, entre ellos los siguientes:

- **Normas culturales y sociales.** Muchas culturas tienen normas específicas sobre lo que se considera una duración «apropiada» para la lactancia. Estas normas pueden estar influenciadas por el hecho de que esté mal visto amamantar en público y en relación con la autonomía del niño.
- **Necesidades económicas y laborales.** En muchas partes del mundo, las demandas económicas y laborales imponen límites prácticos a la duración de la lactancia materna.
- **Desconocimiento.** La falta de conocimientos sobre lactancia de la sociedad en general hace que persistan muchos mitos y que se abandone la lactancia a los pocos meses.

A partir de los 2 años

MITOS DE LA LACTANCIA MATERNA

La lactancia materna es un tema que a menudo está rodeado de muchos mitos y malentendidos. Estos mitos no solo pueden causar confusión, sino que también pueden influir en cómo se percibe y se maneja la lactancia cuando somos adultas. Al entender lo que es cierto y lo que es falso, tenemos un mejor conocimiento para poder tomar decisiones informadas.

✗ MITO

«LA LACTANCIA SIEMPRE ES DOLOROSA».

✓ REALIDAD

La lactancia materna no debería ser dolorosa. Algunas mujeres pueden experimentar molestias al principio, pero esto suele ser por un mal agarre del bebé o por problemas temporales que pueden resolverse con la ayuda de una experta en lactancia.

✗ MITO

«LA LECHE MATERNA NO ES SUFICIENTE PARA ALIMENTAR AL BEBÉ Y SE NECESITA LECHE DE FÓRMULA DESDE EL PRINCIPIO».

✓ REALIDAD

La leche materna proporciona toda la nutrición que el bebé necesita durante los primeros seis meses de vida. Es completa y adecuada para el desarrollo del bebé. La leche de fórmula solo es necesaria si hay problemas específicos con la lactancia o si la madre elige no amamantar.

✗ MITO

«EL TAMAÑO DE LOS PECHOS DETERMINA LA CANTIDAD DE LECHE QUE UNA MADRE PUEDE PRODUCIR».

✓ REALIDAD

El tamaño del pecho no afecta la cantidad de leche producida. La producción de leche depende de la demanda del bebé y de la estimulación de la glándula mamaria, no del tamaño de los senos. Recuerda que el tamaño viene determinado por cuestiones genéticas y por las diferentes maneras en que la grasa se acumula en el pecho y le da una forma u otra.

✗ MITO

«SE AMAMANTA AL BEBÉ CADA TRES HORAS, DURANTE DIEZ MINUTOS DE CADA PECHO».

✓ REALIDAD

El pecho funciona sin mirar el reloj, y no hay que recomendar este tipo de cosas. Por algo se llama lactancia a demanda.

✗ MITO

«ES NECESARIO DEJAR DE AMAMANTAR DESPUÉS DE LOS SEIS MESES, LA LECHE YA NO LE APORTA NADA».

✓ REALIDAD

No, la leche no deja de alimentar. Es muy habitual escuchar decir que después de cierta edad la leche ya no alimenta. ¡Parece que de golpe se convierte en agua!, y nada más lejos de la realidad. La leche sigue alimentando, sea el bebé amamantado días, semanas, meses o años.

¡Quiero saber más!

¿Voy a tener leche suficiente para poder dar el pecho a mis futuros hijos?

En general, las mujeres suelen tener la leche que necesitan para sus bebés, pero existen situaciones que pueden hacer que la mujer tenga una baja producción de leche. Esto se llama hipogalactia, y significa que hay menos cantidad de leche de la que el bebé necesita.

¿La lactancia hace que el pecho cambie?

Los pechos cambian de forma y tamaño durante el embarazo, pero no se deforman debido a la lactancia. Y recordemos que también existe la gravedad, que hace que todo se caiga, los pechos incluidos.

¿La lactancia materna vuelve al bebé dependiente de su madre?

La lactancia materna fomenta un vínculo cercano entre la madre y el bebé, pero no causa una dependencia perjudicial. Los bebés humanos son los mamíferos más inmaduros y dependientes. Todos los bebés tienen que crear un apego con una figura adulta, ya que este apego permite al bebé, literalmente, seguir vivo.

CUIDAR TUS PECHOS ES CUIDARTE A TI

Con el crecimiento del pecho empieza una etapa en la que seguramente te vas a sentir diferente. Por ejemplo, para hacer deporte, quizá antes te ponías una camiseta y ya está. Ahora, en cambio, sientes que tu pecho se marca (y parece que todo el mundo lo vea) o incluso te molesta al saltar o correr y prefieras ponerte un sujetador. A lo mejor antes no te ponías la parte de arriba del biquini y ahora te apetece usarla, u otras personas te dicen que deberías hacerlo.

¡Hablemos de todo ello!

¿DE DÓNDE VIENE EL SUJETADOR?

El sujetador moderno, tal como lo conocemos hoy, fue inventado en 1914 por una mujer llamada Mary Phelps Jacob en Estados Unidos.

ANTES DE ESO, LAS MUJERES USABAN CORSÉS, QUE ERAN PRENDAS CON VARILLAS DE METAL RÍGIDAS Y NADA CÓMODAS.

Phelps quería inventar algo más cómodo para usar con un vestido, así que unió dos pañuelos con una cinta y creó así el primer sujetador moderno. Su diseño fue más ligero y cómodo que los corsés, lo que hizo que se volviera popular rápidamente. ¡Ya ves que antes era muy incómodo lo de sujetar el pecho!

Desde entonces, el sujetador ha evolucionado mucho.

Como cualquier otra prenda, no existe la obligación de que la uses si no te apetece. Si quieres utilizar el sujetador para sentirte más cómoda, te da más seguridad, te sientes el pecho más sujeto y esto te hace estar más tranquila..., ¡genial! Pero si te molesta, te sientes incómoda, te pica o simplemente no te gusta, no hay ninguna necesidad de que lo uses. Así que tú misma.

CÓMO ELEGIR EL SUJETADOR QUE MEJOR SE ADAPTE A TI

Elegir un sujetador adecuado no es solo una cuestión estética, sino también de salud y bienestar. Muchas mujeres experimentan molestias diarias, como dolor en los hombros, sensación de opresión en el pecho o marcas en la piel, sin relacionarlo con algo tan básico como el sujetador.

Un sujetador inadecuado puede causar molestias

- **Dolor en los hombros.** Los tirantes que soportan más peso del necesario pueden generar una presión excesiva en los hombros. Además, si los tirantes son demasiado estrechos o están mal ajustados, pueden causar marcas, irritación o dolor crónico.

- **Presión en el tórax y el pecho.** Un sujetador demasiado apretado puede dificultar la respiración y causar una sensación de opresión en la caja torácica. Por el contrario, si está demasiado suelto, no ofrecerá el soporte necesario, provocando que el sujetador se desplace constantemente.

- **Aros que se clavan.** Los aros del sujetador están diseñados para sostener el pecho desde la base, pero si no se ajustan correctamente a la forma del cuerpo, pueden clavarse en el tejido mamario o en las costillas. Esto no solo causa incomodidad, sino que puede generar irritación en la piel o marcas permanentes.

Beneficios de un sujetador adecuadamente ajustado

- **Mayor comodidad.** Un sujetador que se ajusta correctamente no se clava, no aprieta y no se desliza, lo que permite que te sientas cómoda durante todo el día.
- **Mejor postura.** Al distribuir el peso del pecho de manera uniforme, un buen sujetador ayuda a mantener una postura erguida y a reducir la tensión en los músculos de la espalda y el cuello.
- **Prevención del dolor.** Un sujetador bien ajustado minimiza la presión en los hombros, la espalda y el pecho, y evita, así, problemas musculares y articulares a largo plazo.
- **Contribución a la salud mamaria.** Al sostener el pecho de manera adecuada, se evita la presión innecesaria sobre los tejidos mamarios, lo que reduce posibles irritaciones o inflamaciones.

TIPOS DE SUJETADORES

Cuando empieces a usarlos, irás descubriendo con cuál te sientes mejor y cuál te resulta adecuado para cada situación. ¡Experimenta y encuentra qué te gusta y, sobre todo, qué no te gusta!

Sujetador deportivo

Es cómodo y sin aros, con tirantes más anchos, lo que lo hace perfecto para hacer ejercicio o para esos días en los que quieres sentirte más relajada.

Muchas chicas empiezan a usarlos durante la adolescencia porque el cuerpo está en constante desarrollo, y el crecimiento del pecho puede ser incómodo y doloroso al practicar deporte. Como están diseñados específicamente para proporcionar el soporte necesario durante el ejercicio, minimizan el movimiento del pecho y ayudan a prevenir molestias o dolores de espalda.

Pero no solo evita molestias físicas, sino que también puede influir en la confianza durante la actividad física, ya que permite que las chicas se concentren en el ejercicio sin distracciones. Estos sujetadores están disponibles en una amplia variedad de estilos, colores y diseños, desde sujetadores con compresión para actividades de alto impacto, como correr o saltar, hasta opciones más ligeras para ejercicios de menor intensidad.

Sujetador de triángulo

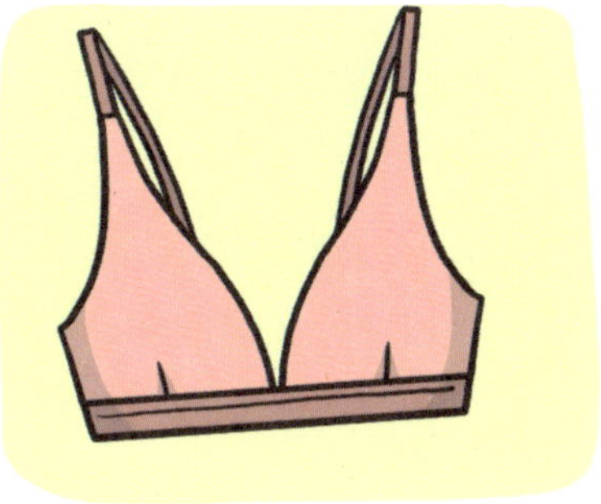

Ligero y con un diseño simple, con tirantes finos y generalmente sin relleno ni aros. Es ideal si buscas algo suave y cómodo para el día a día y cuando empiezas a usar sujetador. No es nada raro que te molesten todos los demás, y empezar con este tipo de sujetador suele ser un acierto.

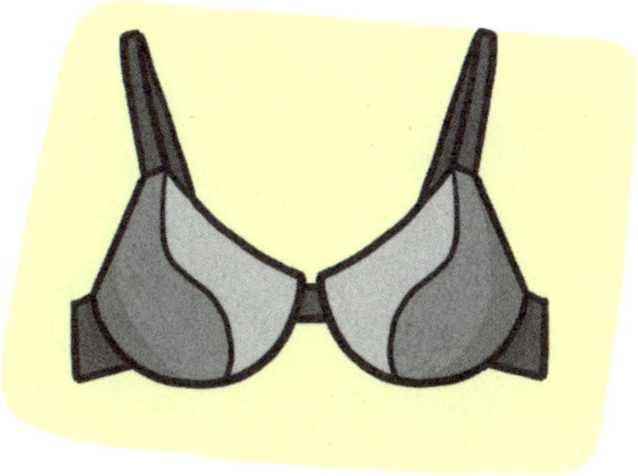

Sujetador con relleno ligero

Este tipo tiene un relleno suave y tirantes finos, y da un poquito de forma y soporte. Es perfecto si quieres que no se marquen los pezones sin sentirte demasiado apretada.

Bralette

Es muy similar al de triángulo. Es un sujetador sin aros ni relleno, muy cómodo y con un diseño más delicado, pues a veces lleva encajes. Es genial si prefieres algo que se sienta natural, sin que aumente el volumen del pecho.

Sujetador sin costuras

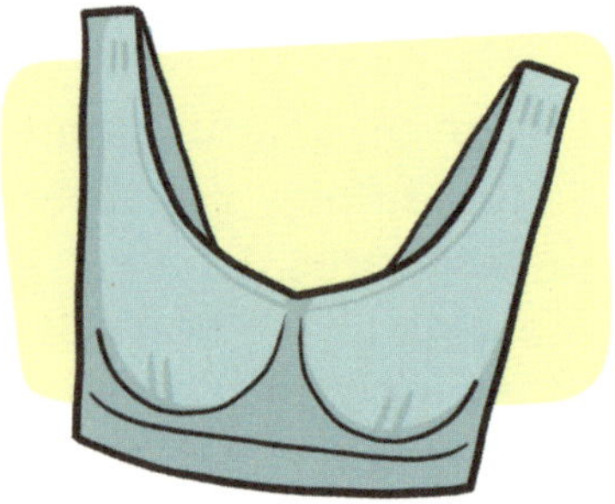

Como su nombre indica, no tiene costuras, por lo que es supercómodo y no se nota bajo la ropa. Te irá genial este tipo de sujetador si eres de las que sienten molestias con las costuras o picor con cierta ropa.

Sujetador con aros

Proporciona más soporte y forma. Es ideal si necesitas un poco más de sujeción. Puede ser algo menos cómodo al principio, pues es normal sentir las varillas de los laterales y de debajo del pecho.

Sujetador push-up

Este tipo de sujetador tiene un relleno extra en la parte inferior y a los lados de cada copa. Esto permite levantar y juntar los pechos para dar un aspecto de mayor volumen.

¿Y QUÉ PASA SI SE VEN LAS TIRAS?

La idea de que no se deben ver las tiras del sujetador es una regla de moda que ha existido durante mucho tiempo, pero hoy en día se considera bastante anticuada y arbitraria. Esta «norma» surgió en una época en la que mostrar la ropa interior se veía como algo inapropiado, pero la moda y, por suerte, la sociedad han evolucionado mucho desde entonces.

Hoy, muchas personas y diseñadores consideran que mostrar las tiras del sujetador puede ser parte del estilo y no tiene nada de malo. De hecho, existen sujetadores con tiras decorativas, de encaje o en colores vibrantes diseñadas para ser visibles y añadir un toque interesante al look. Si te sientes cómoda y te gusta cómo se ve, no hay razón para preocuparse por ocultar las tiras del sujetador.

¿CÓMO SÉ QUÉ TALLA NECESITO?

Elegir la talla correcta de sujetador es importante para que te sientas cómoda, no te genere dolor y tengas un buen soporte.

Verás que la talla de un sujetador está compuesta por un número y una letra.

El número

Representa la medida del contorno de tu pecho, justo debajo del mismo.

Para medirlo, usa una cinta métrica alrededor de tu torso, justo debajo de los pechos. Asegúrate de que la cinta esté ajustada pero no apretada. El número que obtengas (en centímetros) te dará la talla de contorno.

La letra

La letra, también conocida como la copa, indica el tamaño del pecho, es decir, la diferencia entre el contorno debajo del pecho y la medida de la parte con más volumen.

Para medir la copa, colócate la cinta métrica alrededor de la parte más ancha de tu busto (sobre los pezones), sin apretar. Luego, resta la medida del contorno (debajo del pecho) a esta nueva medida:

> Si la diferencia es de 10-12 cm, tu copa es **A**.
> Si es de 13-15 cm, tu copa es **B**.
> Si es de 16-18 cm, tu copa es **C**.
> Si es de 19-21 cm, tu copa es **D**.

Por ejemplo, si tu contorno bajo el pecho es 80 cm y la medida en la parte más ancha es 93 cm, la diferencia es de 13 cm, lo que significa que tu talla sería 80B.

¿CÓMO HAY QUE CERRARLO?

Los cierres de los sujetadores normalmente están en la espalda. Se requiere un poco de habilidad las primeras veces que los usas para hacerlo sin mirar y con las manos atrás.

¡Es todo un ejercicio de contorsionismo!

Los cierres llevan corchetes para unirse y, a medida que la talla del sujetador se hace más grande, se pasa de una a tres filas de corchetes, que a la vez te van a permitir ajustar bien el sujetador a tu cuerpo para estar cómoda.

¡Quiero saber más!

Si no llevo sujetador, ¿me van a caer los pechos antes?

La ciencia dice que los ligamentos del pecho funcionan mejor cuando no se lleva sujetador, pero hay quien afirma que si no se usa sujetador los ligamentos van a ceder y el pecho estará más caído. Así que, en resumen: haz lo que te haga sentir más cómoda.

¿Qué papel juega la nutrición en la salud y la apariencia de los senos?

Una dieta equilibrada puede influir en la salud general de la piel y el tejido mamario. Aunque la nutrición no afectará significativamente el tamaño del pecho, una alimentación adecuada puede mantener la piel en buen estado. Si te alimentas bien, estarás mejor, pero hazlo por ti, por tu cuerpo en general.

Noto bultos dentro del pecho. ¿Qué tengo que hacer?

Puede ser que notes bultos en el pecho, y muchas veces forman parte del crecimiento de la glándula.

Cuando somos más mayores y aparecen bultos en los pechos, la mayoría son benignos, como quistes o fibroadenomas...

De todas formas, es crucial que un profesional evalúe cualquier cambio que te sorprenda. Consúltalo con una comadrona, las expertas en salud sexual y reproductiva.

NO HAY UN ÚNICO TIPO DE PECHO IDEAL, YA QUE LO IDEAL ES LO REAL, LO DIVERSO, LO QUE CUENTA HISTORIAS DE VIDA.

TUS PECHOS SON ÚNICOS, COMO TÚ. SON PARTE DE TU CUERPO, DE TU HISTORIA Y DE TU IDENTIDAD. MERECEN QUE LOS CUIDES Y, SOBRE TODO, QUE LOS ACEPTES TAL COMO SON.

LOS PECHOS SON UN ÓRGANO QUE CAMBIA A LO LARGO DE TODAS LAS ETAPAS DE LA VIDA. TAL VEZ AHORA NO TE GUSTEN (O QUIZÁ SÍ), O INCLUSO QUERRÍAS TENER LOS PECHOS QUE TIENE UNA AMIGA... ES COMPLETAMENTE NORMAL TENER ESTOS PENSAMIENTOS, ESPECIALMENTE CUANDO ESTAMOS CRECIENDO.

SON UN ÓRGANO FUNCIONAL, SENSIBLE Y COMPLEJO. PUEDEN SER FUENTE DE PLACER, AMOR Y VÍNCULO, Y TAMBIÉN DE FUERZA Y PODER.

EN CADA ETAPA DE TU VIDA, DESDE LA PUBERTAD HASTA LA MADUREZ, MERECEN SER TRATADOS CON RESPETO Y CUIDADO. ASÍ QUE CUÍDALOS, PROTÉGELOS Y OBSÉRVALOS.

MERECES VIVIR EN UN CUERPO QUE AMAS Y QUE TE HACE FELIZ. PORQUE TU CUERPO ES TUYO, Y ESO LO HACE ÚNICO.

Has aprendido muchas cosas que se necesitan saber para vivir de la mejor manera el desarrollo de tus pechos. Como has visto, son un órgano que forma parte de tu vida.

Todo lo que te he explicado te servirá para afrontar esta fase con mucha ilusión. ¡La adolescencia es una etapa de muchos cambios, y tu cuerpo también cambiará!

¡ERES ÚNICA
Y MARAVILLOSA
TAL COMO ERES!

MINIDIARIO

Te propongo hacer un minidiario de tus pensamientos, sensaciones y exploraciones. Apunta tus dudas y las cosas de las que no quieres olvidarte para que, cuando vuelvas a leer este libro más adelante, veas cómo evoluciona tu forma de pensar y cómo vas creciendo.

Con todo lo que has aprendido,
¿te atreves a volver a dibujar un pecho?
Seguro que ya no lo imaginas igual...

¿Tienes dudas?
¿Te has quedado con ganas de saber más?

¿Qué es la menstruación? ¿Cómo te transforma el ciclo menstrual? ¿La regla duele? ¿Qué opciones tienes para no mancharte? ¿La primera regla llega de repente?

Todo lo que siempre has querido saber sobre la menstruación (y nunca te has atrevido a preguntar) explicado de forma directa y divertida para vivir estos cambios con confianza y bienestar. Porque tener la regla mola, pero hay que saber cómo funciona.

Continúa con los demás libros de la colección Menstruita: la educación sexual como nunca antes te la han contado.

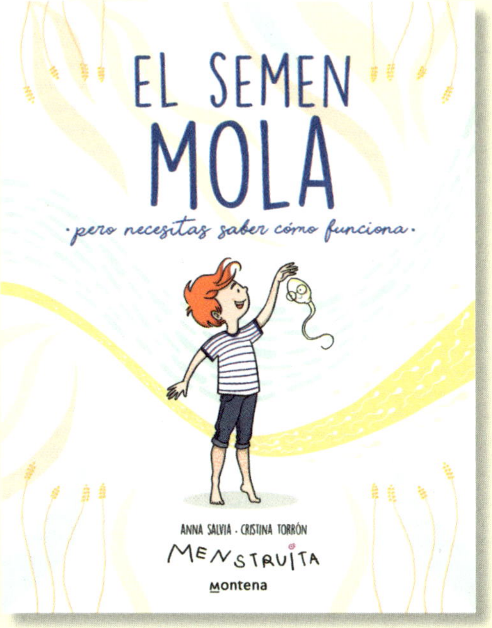

¿Qué es el semen? ¿Qué cambios anuncian la primera eyaculación? ¿Por qué se producen las erecciones? ¿Cómo se cuida el prepucio? ¿Qué significa ser padre?

Los chicos son los grandes olvidados de la educación sexual. Este libro da respuesta a este vacío y propone una mirada positiva y respetuosa sobre la sexualidad, la primera eyaculación y el semen.

El cuerpo mola, pero es necesario que aprendas a descubrirlo.

Tu cuerpo es algo que te acompaña toda la vida y, aunque suene extraño, a veces nos olvidamos de él. Seguro que hay partes que conoces bien y otras que tal vez no has mirado demasiado, como la vulva. Con el tiempo, tu cuerpo vivirá muchos cambios, y es importante que los conozcas para crecer con confianza y bienestar.

Un libro imprescindible para establecer una relación sana con el propio cuerpo, prevenir problemas y saber todo lo necesario sobre el despertar de la sexualidad.